Michael Dieterich

Depressionen

Michael Dieterich

Depressionen

Hilfen aus biblischer und psychotherapeutischer Sicht

BRUNNEN VERLAG GIESSEN/BASEL

ABCteam-Bücher erscheinen in folgenden Verlagen:
Aussaat Verlag Neukirchen-Vluyn
R. Brockhaus Verlag Wuppertal
Brunnen Verlag Gießen
Christliches Verlagshaus Stuttgart
(und Evangelischer Missionsverlag)
Oncken Verlag Wuppertal und Kassel

Die deutsche Bibliothek – CIP-Einheitsaufnahme

Dieterich, Michael:
Depressionen : Hilfen aus biblischer und
psychotherapeutischer Sicht /
Michael Dieterich. – 6. Aufl. –
Giessen ; Basel : Brunnen-Verl., 1993
(ABC-Team ; 377 : A)
ISBN 3-7655-2377-1
NE: GT

6. Auflage 1993

Umschlagfoto: Ulrich Schaffer
Umschlaggestaltung: Martin Künkler
Satz: Jung Satzcentrum GmbH, Lahnau
Herstellung: St.-Johannes-Druckerei, Lahr

Inhalt

Vorwort

„Neurosen sind Störungen des Verhaltens, Fühlens oder Denkens, die wesentlich mit dem Versuch zu tun haben, unangemessen starke und sachlich unberechtigte Angstzustände zu überspielen, zu beherrschen oder einzugrenzen. Gleichzeitig sind mit den Störungen von Verhalten, Fühlen und Denken auch Beeinträchtigungen des Selbstwertgefühls, des Selbstbildes und der Beziehung zu anderen Menschen verbunden."[1]

Mit dieser allgemeinen Form der Beschreibung von Neurosen (die als Überbegriff für einen Teil der Depressionen zu sehen sind) könnte man eine erste, wissenschaftliche Definition vorlegen und darauf aufbauend die Fragestellungen um das vorgegebene Thema eher akademisch lösen.

Wesentlich näher am tatsächlichen Geschehen beim Umgang mit depressiven Menschen sind die nachfolgend genannten Vorwürfe an den Praktiker:

„Sie können sich das ja gar nicht vorstellen! Waren Sie denn schon jemals im Loch einer Depression?"

Wenn dann solche Fragen gar in einer Gruppe von Betroffenen gestellt werden, sich alle Teilnehmer wissend zunicken – bleiben für den Seelsorger bzw. Therapeuten häufig nur noch mißtrauische Blicke übrig.

Ganz praktische Fragestellungen sind dann für ihn, ob es denn eine „Solidarität der Depressiven" gibt und ob man womöglich tatsächlich Depressionen erlebt haben muß, um solchen Menschen helfen zu können.

Theorie und praktische Erfahrung können hierzu relativ eindeutige Aussagen machen, und ich glaube, mit einem klaren „Nein" antworten zu können. Man muß nicht depressiv gewesen sein (oder gar werden), um mit den Betroffenen umgehen zu können, aber man braucht einfühlsames und vor allem wertschätzendes Verstehen. Und dann sollte man auch wissen, daß eine „Behandlung" ganz ohne Vorkenntnisse häufig nur wenig hilfreich ist. Das „gute Herz", der Wunsch, dem angefochtenen, dem ängstlichen, dem depressiven Menschen helfen zu wollen, ist eine notwendige Voraussetzung für die „biblisch-therapeutische Seelsorge" – jedoch m. E. nicht hinreichend. Zusätzliches „Handwerkszeug" ist vonnöten. Man muß hierzu aber nicht unbedingt viele Jahre die Universität besucht haben, sondern kann sich beispielsweise auch durch „Literaturarbeit", verbunden mit praktischen Übungen, auf diesem Gebiete weiterbilden.

Die vorliegende Arbeit soll einen „Baustein" zu dieser Weiterbildung liefern. Es wird versucht, die verschiedenen Formen der Depressionen auf dem Hintergrund von Neurosen bzw. Psychosen zu beschreiben und zu systematisieren. Daran anschließend wird ein kurzer Abriß möglicher Hilfen aus der säkularen Psychotherapie vorgestellt und abschließend auf Hilfen aus der „biblisch-therapeutischen Seelsorge" eingegangen.

Mit „biblisch-therapeutischer Seelsorge" ist – und das mag manchen Leser überraschen – eine Verbindung der Methoden aus der etablierten Psychotherapie mit den biblischen Wahrheiten gemeint. Es werden also die in der säkularen Psychotherapie bekannten Vorgehensweisen nicht – wie teilweise üblich – strikt abgelehnt, sondern, von ihrem „ideologischen Überbau" gelöst, in ihrem schöpfungsgemäßen Zusammenhang wahrgenommen und im Sinne einer biblischen Anthropologie angewandt. Klammer und Verbindung zwischen dem psychotherapeutischen „Handwerkszeug" und der biblischen Wahrheit ist der Heilige Geist, der sowohl beim Auslegen der Bibel als auch bei der Wahl der jeweiligen therapeutischen Vorgehensweise leitet. Hier wird das Wort aus Johannes 14 wesentlich, wo Jesus sagt:

> „... ich werde den Vater bitten, und er wird euch einen anderen Beistand geben, der immer bei euch bleiben soll. Es ist der Geist der Wahrheit, den die Welt nicht empfangen kann, weil sie ihn nicht sieht und nicht kennt. Ihr aber kennt ihn, weil er bei euch bleibt und in euch sein wird."

Weiteres Kennzeichen der „biblisch-therapeutischen Seelsorge" ist das griechische Wort „therapeuo", das im Sinne von „Dienen und Helfen" genau ausdrückt, wie bei einer solchen Art der Seelsorge vorgegangen werden soll. Nicht ein „Alles-besser-Wissen", auch nicht Professionalität und „Fein-Diagnose" sind hierbei therapeutische Kategorien, sondern die *Haltung* des Dieners als eines Helfers, der von „ganz unten" kommt. Wenn wir uns aufmachen, den depressiven Menschen ganz unten abzuholen (Phil. 2,5 ff.), dann werden wir ihn dort sicherlich finden.

Die nachfolgend beschriebenen Fallstudien sind Originalerlebnisse, sie wurden jedoch so verändert, daß Rückschlüsse auf die tatsächlich Betroffenen nicht mehr möglich sind.

Herrn Studienleiter Pfarrer Claus-Dieter Stoll, Tübingen, danke ich für die Durchsicht des Manuskripts und die von theologischer Seite her erforderlichen Korrekturen.

Kernen, im Frühjahr 1986

Vorwort zur Neuauflage

Überraschend schnell wurden die ersten vier Auflagen des Buches verkauft. Offensichtlich gehören Depressionen tatsächlich zu den am meisten verschwiegenen Krankheitsformen unserer Tage – und dies nicht nur im säkularen Raum, sondern auch in unseren christlichen Gemeinden.

Viele Betroffene haben mir geschrieben und mitgeteilt, wie hilfreich die Ratschläge für sie sein konnten. Auch eine ganze Reihe von Verbesserungsvorschlägen wurde gemacht. Ich habe versucht alle diese Anregungen bei der Neuauflage aufzunehmen.

Durch meine praktischen Erfahrungen und die vielen Anfragen bedingt habe ich ein zusätzliches Kapitel über die Zusammenhänge zwischen Erziehung und Depression neu aufgenommen, weiterhin ein Kapitel, das die Besonderheiten bei Altersdepressionen aufzeigt.

Ich hoffe und wünsche, daß durch die Neuauflage vielen Betroffenen und ihren Angehörigen geholfen werden kann.

Der bekannte Vers aus dem Paul-Gerhardt-Lied „Sollt ich meinem Gott nicht singen?" zeigt in wenigen Worten den Tenor auch dieser Neuauflage.

Meiner Seelen Wohlergehen hat er ja recht wohl bedacht;
Will dem Leibe Not zustehen, nimmt er's gleichfalls wohl in acht.
Wenn mein Können, mein Vermögen nichts vermag, nicht helfen kann,
kommt mein Gott und hebt mir an, sein Vermögen beizulegen.
Alles Ding währt seine Zeit, Gottes Lieb in Ewigkeit.

Kernen, im Frühjahr 1991

1. Einleitung

„Ich bin gekrümmt und tief gebeugt, den ganzen Tag geh' ich traurig einher. Denn meine Lenden sind voller Brand, nichts blieb gesund an meinem Leib. Kraftlos bin ich und ganz zerschlagen, ich schreie in der Qual meines Herzens. All mein Sehnen, Herr, liegt offen vor dir, mein Seufzen ist dir nicht verborgen. Mein Herz pocht heftig, mich hat die Kraft verlassen, geschwunden ist mir das Licht der Augen, Freunde und Gefährten bleiben mir fern in meinem Unglück, und meine Nächsten meiden mich. Die mir nach dem Leben trachten, legen mir Schlingen; die mein Unheil suchen, planen Verderben, den ganzen Tag haben sie Arglist im Sinn. Ich bin wie ein Tauber, der nicht hört; wie ein Stummer, der den Mund nicht auftut. Ich bin wie einer, der nicht mehr hören kann, aus dessen Mund keine Entgegnung kommt ..."
(Aus Psalm 38.)
„Denn meine Seele ist gesättigt mit Leid, mein Leben ist dem Totenreich nahe. Schon zähle ich zu denen, die hinabsinken ins Grab, bin wie ein Mann, dem alle Kraft genommen ist. Ich bin zu den Toten hinweggerafft, wie Erschlagene, die im Grabe ruhen; an sie denkst du nicht mehr, denn sie sind deiner Hand entzogen. Du hast mich ins tiefste Grab gebracht, tief hinab in die finstere Nacht. Schwer lastet dein Grimm auf mir, all deine Wogen stürzen über mir zusammen. Die Freunde hast du mir entfremdet, mich ihrem Abscheu ausgesetzt; ich bin gefangen und kann nicht heraus. Mein Auge wird trübe vor Elend. Jeden Tag ruf' ich zu dir; ich strecke nach dir meine Hände aus ..."
(Aus Psalm 88.)
Alles hat seine Zeit ... weinen hat seine Zeit, lachen hat seine Zeit; klagen hat seine Zeit, tanzen hat seine Zeit ..."
(Aus Prediger Salomo 3.)
„In der Welt habt ihr Angst; aber seid getrost, ich habe die Welt überwunden."
(Johannes 16,33.)

Nein, Depressionen dürfen wir nicht wegdiskutieren, auch wenn in manchen Kreisen von „immer fröhlich ... alle Tage Sonnenschein" ausgegangen bzw. ein solches Verhalten von Christen erwartet wird. Wir leben in einer Welt der Ängste und der Depressionen, und das war eigentlich im Laufe der Weltgeschichte immer so. Auch die Männer und Frauen der Bibel haben Depressionen erlebt. In vielen Psalmen Davids werden depressive Zustände sichtbar. Jedoch kann am Lebensbild des David zugleich auch gezeigt werden, daß Depressionen nicht fatalistisch hingenommen werden müssen, daß es Lösungsmöglichkeiten gibt, daß Depressionen abklingen können – und besonders, daß man Wege suchen kann, um zu den depressiven Zuständen ein Ja zu finden. Wichtig für Christen ist jedoch vor allem zu wissen, daß auch Jesus Christus in Gethsemane die Qualen der Angst- und Depressionszustände selbst durchlitten hat, daß er die Nöte dieser Menschen kennt:

> „...Und er geriet in *angstvollen Kampf* und betete noch anhaltender; und sein Schweiß wurde wie Blutstropfen, die auf die Erde fielen ..."(Lukas 22, 44.)

2. Umfang und Abgrenzung der Depressionen

Bis zu zwanzig Prozent aller Patienten, die einen Arzt aufsuchen, leiden an Depressionen. Und diese Zahl hat in den letzten dreißig Jahren laufend zugenommen, obwohl es den Bundesbürgern in dieser Zeitspanne wirtschaftlich gesehen immer besser ging. Besonders betroffen sind dabei Personen über 65 Jahre, von denen ca. ein Viertel an behandlungsbedürftigen psychischen Störungen leidet.

Während im Alter die ohne erkennbare Ursachen auftretende (endogene) Depression immer seltener wird, treten die qualvollen exogenen depressiven Verstimmungen zunehmend häufiger auf.

Als Ursache dafür wird von der Weltgesundheitsorganisation (WHO) *„Bruch mit den alten Traditionen, Verlust an religiösen Bindungen, Zunahme von Ehekonflikten und Vereinsamung"* genannt. Insbesondere bei Frauen, so berichtet der in Europa führende „Depressionsspezialist" Paul Kielholz aus Basel von seinen Untersuchungen an zweihundert Schweizer Patienten, findet man als Ursache der Altersdepressionen *Vereinsamung und Beziehungsarmut*. Bei älteren Männern sind diese Krankheitsformen nicht so deutlich ausgeprägt, sie finden offenbar eher noch als Frauen Personen, die nach ihnen schauen. Frauen reagieren häufig auf den Auszug der erwachsenen Kinder und dem damit verbundenen Verlust der familiären Aufgaben depressiv („Leeres-Nest-Syndrom"), während bei Männern die Einschränkung von Kontakten, die Einbuße von Macht und Ansehen, die beispielsweise das Ausscheiden aus dem Berufsleben mit sich bringt, depressionsauslösend wirkt („Pensionierungsschock").

Nicht selten, so konnte auch festgestellt werden, verbirgt sich hinter dem vermeintlichen Abbau von geistigen Fähigkeiten älterer Menschen eine Depression, denn die Angst vor Gedächtnisverlusten kann, gekoppelt mit einem negativen Selbstbild, dann tatsächlich zu einem Abbau geistiger Leistungen führen. Diese oftmals recht komplizierten Zusammenhänge lassen in manchen Fällen sogar eine stationäre Unterbringung notwendig erscheinen.

Soweit nun Zahlen und erste Deutungsversuche zur Entstehung von Depressionen bei älteren Menschen. Man könnte auf diesem Hintergrund bereits die ersten Lösungsansätze finden: Mehr Kontakte ermöglichen und Menschen in ihren Traditionen belassen. Insbesondere aber sollten Christen hilfreich beim Aufbau von religiösen Bindungen wirksam werden – wird ein solcher Verlust doch an zweiter Stelle der Depressionsursachen älterer Menschen von der (theologisch ja nicht besonders vorgeprägten) Weltgesundheitsorganisation genannt.

Verkürzt könnte man demnach sagen: Bringt den Menschen Jesus Christus nahe, und die Depressionen im Alter werden abnehmen.

Diese Aussage ist richtig – in ihrer generalisierten Form aber dennoch gefährlich, denn wir finden Depressionen heute zunehmend auch bei jungen Menschen, ja sogar bei Kindern und – das sei hier nicht verschwiegen – auch bei ernsthaft gläubigen Menschen, also solchen, die mit Jesus Christus leben.

Wenn nun beide Aussagen bestätigt werden können, wenn also einerseits belegbar ist, daß durch die Aufnahme religiöser Bindungen Depressionen abnehmen, andererseits aber auch Christen depressiv sein können, wird es notwendig, den bisher noch nicht genau bestimmten Begriff „Depression" exakter zu untersuchen, um danach klären zu können, unter welchen Umständen die jeweiligen Aussagen zutreffen.

Nachfolgend wird gezeigt, daß sowohl in ihrer Erscheinungsform (phänomenologisch) als auch bei den Ursachen (ätiologisch) verschiedenartige Formenkreise der Depression auftreten können. Auf diesem Hintergrund wird es dann fast selbstverständlich, daß auch differenzierte therapeutische Hilfen angeboten werden müssen, die sowohl aus medizinischem als auch psychotherapeutischem und theologisch-seelsorgerlichem Inventar schöpfen können. In vielen Fällen, das sei hier vorab genannt, ist sogar die Zusammenarbeit aller genannten Fachdisziplinen „die Methode der Wahl".

Immer wieder werden auf dem Hintergrund von Depressionen auch die allgemeineren Krankheitsbilder einer *Neurose* bzw. *Psychose* genannt, und es erscheint sinnvoll, zuvor diese Begriffe gegeneinander abzugrenzen, um dann die ableitbaren Formen der Depression zu beschreiben.

Wie kann nun die „Neurose" beschrieben und von der „Psychose" abgegrenzt werden?

Psychosen sind schwerwiegender und auch viel seltener als Neurosen. Nur ca. zwei bis drei Prozent der Bevölkerung dürften wahrscheinlich an Schizophrenien oder manisch-depressiven Psychosen (um die beiden häufigsten Psychosen zu nennen) leiden.[2] Beinahe sicher, wenn auch noch nicht endgültig und eindeutig bestimmt, darf davon ausgegangen werden, daß Psychosen einen biologisch-endogenen Hintergrund haben und auf einer körperlichen Fehlsteuerung des Stoffwechsels beruhen.

Für Menschen, die unter *psychotischen Störungen* leiden, ist charakteristisch, daß sie kaum Einsicht in ihr krankhaftes Verhalten haben. Wenn ihre Krankheit zum Formenkreis der Schizophrenie gehört, dann kann es zum Beispiel vorkommen, daß sie glauben, Napoleon oder Jesus Christus zu sein. Oder sie sind davon überzeugt, daß sie für alles Böse in der Welt verantwortlich sind, daß sie ganz neue naturwissenschaftliche Erkenntnisse zur Rettung der Menschheit haben usw. Bei Christen zeigt sich diese Krankheit nicht selten mit den biblischen Hintergründen, und es darf nicht vorschnell von „okkulten Belastungen" gesprochen werden, wenn z. B. ein gläubiger Mensch mit einem Krankheitsbild aus dem Formenkreis der Schizophrenie[2a] im Gespräch erzählt, daß er sich neben dem Kreuz Christi sein eigenes Kreuz aufstellen möchte, um dadurch die Erlösungstat zu verbessern. Diese Aussage eines seelisch kranken Menschen ist nicht zwingend im Kausalzusammenhang von Belastungen, sondern eher auf der Ebene des Krankheitsbildes erklärbar.

Der an einer *Psychose* leidende Mensch kann ohne Schwierigkeiten „das was ist" und „das was sein sollte" zusammenwerfen. Er kann Wirkungen von ihren Ursachen, Handlungen von Gedanken, Wahrheit von Beweis trennen. Dadurch wird auch sein Verhalten sehr häufig von vielen Beschränkungen befreit, die Gedanken und Gefühle einengen.[3] Dennoch dürfen die Gedankengänge dieser Menschen nicht vorschnell als „dumm" abgetan werden. Die innere Logik ist häufig stimmig – nur eben nicht von der Normalität geprägt. Einen tiefen Einblick in das Leben und Denken eines schizophrenen Menschen gibt der autobiographische Bericht von Hannah Green[3a]. Er zeigt auch, welche schwerwiegenden Fehler, die sogenannten „Gesunden" oder „Normalen“ bei der Betreuung schizophrener Menschen machen können.

Während der an einer Psychose leidende Mensch sein verändertes Denken, Handeln und Fühlen durchaus als „normal“ bezeichnet bzw. dieses gar nicht als abweichend erkennt, weiß derjenige, dessen Krankheit als *Neurose* bezeichnet wird, daß sein Verhalten irrational ist, daß es sogar seinen eigenen Interessen zuwiderläuft. Er weiß zum Beispiel sehr genau, daß ihn das weitere Grübeln in einen immer wiederkehrenden Teufelskreis negativer Gedanken hineinreißt, daß er von einer Flut emotionaler Impulse mitgerissen wird – und keine Macht hat, sie zu kontrollieren. Stellen wir uns hier dann auch denjenigen Menschen vor, der um Verfehlungen in seinem Leben weiß – und keinen Weg aus der Schuld heraus kennt. Eysenck meint, daß wenige Dinge entsetzlicher sind, als zerstörerischen Kräften ausgeliefert zu sein, die man nicht verstehen oder kontrollieren kann.[4]

Zusammengefaßt kann der Unterschied zwischen Psychose und Neurose sehr einfach durch ein immer wieder verwendetes Beispiel dargestellt werden[5], in dem beschrieben wird, wie sich normale, neurotische und psychotische Menschen fühlen, wenn sie sehr viel mit Zahlen umzugehen haben:

Normale Menschen werden sagen: „Ich fühle mich heute *wie* ein Computer, der ohne irgendwelche Gefühle reagiert, aber technisch durchaus brauchbar ist.“

Neurotische Menschen sagen gleichfalls: „Ich fühle mich heute *wie* ein Computer, der ohne irgendwelche Gefühle funktioniert“, werden dann jedoch hinzufügen: „der allerdings technisch nichts taugt.“

Menschen mit einer Psychose werden mit voller Gewißheit sagen: „Ich *bin* ein Computer.“

Diese Zusammenfassung zeigt nochmals recht deutlich, daß zwischen „normal“ und „psychotisch“ qualitative Unterschiede bestehen (und nicht ein Übergang von der „leichteren“ Neurose zur „schwereren“ Psychose stattfindet, wie dies von S. Freud so beschrieben worden war), während die Unterscheidung zwischen „normal“ und „neurotisch“ womöglich übergangslos verläuft. Jeder Mensch erlebt im Laufe seines Lebens Situationen, in denen er sich nicht so verhält, wie er es eigentlich könnte. „Hier habe ich aber eine Dummheit gemacht“, ist oftmals die stereotype Aussage zu einem entsprechenden Verhalten. Und oftmals werden wir von unseren Gefühlen und Stimmungen so hingerissen, ja beherrscht, daß wir kaum in der Lage sind, uns zu kontrollieren.

Auch die Bibel beschreibt einen Zustand des Hin- und Hergerissenseins; hier allerdings nicht im Sinne eines neurotischen Verhaltens, sondern auf dem Hintergrund des anthropologischen Grundkonfliktes des sündigen Menschen, wenn Paulus sagt:

> „... Denn ich habe Lust an Gottes Gesetz nach dem inwendigen Menschen; ich sehe aber ein ander Gesetz in meinen Gliedern, das da widerstreitet dem Gesetz in meinem Gemüte und nimmt mich gefangen in der Sünde Gesetz, welches ist in meinen Gliedern. Ich elender Mensch! Wer wird mich erlösen vom Leibe dieses Todes? Ich danke Gott durch Jesus Christus, unseren Herrn! So diene ich nun mit dem Gemüte dem Gesetz Gottes, aber mit dem Fleische dem Gesetz der Sünde." (Römer 7,22–25.)

Mit diesen Aussagen ist eine Beschreibung der Neurose nicht einfacher geworden. Ja vielleicht könnte man sogar davon ausgehen, daß sie gar nicht als Krankheit im medizinischen Sinne zu verstehen ist? So gesehen wird auch verständlich, daß schon vor Jahrzehnten Feststellungen möglich waren, die davon ausgingen, „daß ... Psychoanalytiker, Psychotherapeuten und andere ärztliche Praktiker zweifellos im Hinblick auf die Behandlungswirkung eindeutig, Schamanen, Medizinmännern, Priestern, religiösen Führern, Heiligen und Quacksalbern aller Art' unterlegen waren."[6] Eysenck erklärt diesen Sachverhalt damit, daß „für den Gläubigen der Einfluß einer solchen Person in keinem Verhältnis zum rationalen Gehalt seiner Aussagen steht, die eine Verbindung zwischen den beiden herstellt; die Suggestibilität steigert sich bis zu einem Punkt, wo verblüffende mentale und körperliche Phänomene gang und gäbe werden".[7]

Soweit nun zur Neurose und Psychose als übergeordneter Beschreibungsform von depressiven Zuständen. Bezogen auf unsere Fragestellung kann gezeigt werden, daß es sowohl auf (wahrscheinlich) biologischem Hintergrund beruhende endogene Depressionen gibt, die eher dem Formenkreis der Psychosen zuzurechnen sind, während die exogenen Depressionen wahrscheinlich eher neurotischer Natur sind.

Bei einem der letzten großen Symposien zur Depression aus Anlaß des hundertjährigen Bestehens der Psychiatrischen Universitätsklinik in Basel[8a] wurde deutlich gemacht, daß es in den vergangenen Jahrzehnten immer wieder eine Pendelbewegung gab, die zum einen von deutlicher biologischen, zum andern von schwerpunktmäßig umweltbedingten Ursachen der Depressionen ausging. Derzeitig scheint das Pendel wieder mehr in die Richtung der biologisch orientierten Forschung zurückzuschwingen, was bedeutet, daß man versucht, Depressionen als körperliche Krankheit zu beschreiben.

Versucht man die Pendelbewegungen zusammenfassend zu sehen, dann wird deutlich, daß der Formenkreis der Depression so weit ist, daß man wohl auch beide Hintergründe braucht und ein ganzes Spektrum zur Erklärung bzw. Diagnostik notwendig ist: Schwere, sich wiederholende Phasen, zusammen mit Wahnideen, Abmagerung und Schlafstörungen, oftmals verbunden mit dem Eindruck des Kranken, daß die Depressionen fast einem „Naturgeschehen" ähnlich ablaufen, bilden das eine Ende dieses Spektrums (das dann eher auf die biologische Dimension hinweist).

Am anderen Ende des „Depressionsspektrums" (das auf die Umweltursache hinweist) überwiegen dann Zusammenhänge mit der Lebensgeschichte und der Persönlichkeit des Menschen – und diese Form der Depression geht dann übergangslos in die Trauer über, die alle Menschen mehr oder weniger trifft.

Genaue Abgrenzungen sind mit dem gegenwärtigen Wissensstand kaum möglich, und es ist nicht sicher, ob Kenntnisse um die Ursache von Depressionen in allen Fällen zwingend erforderlich sind, um Heilungserfolge zu erzielen. Lange Zeit war die genaue Wirkungsweise von Aspirin bei der Bekämpfung von Schmerzen auch nicht klar – und dennoch funktionierte das Medikament hervorragend. So gesehen erscheint es im Augenblick vorteilhafter, in eher behavioristischem[8] Sinne vor einer Frage nach den Hintergründen die verschiedenen Depressionsformen mit einigen typischen Beispielen zu beschreiben, wenn möglich zu klassifizieren, um anschließend nach Therapiemöglichkeiten zu suchen.

Zusammenfassend soll jedoch nochmals betont werden, daß Depressionen, soweit man ihren „innerweltlichen" Aspekt sieht, körperliche, persönlichkeitsbedingte und durch soziale Hintergründe (d. h. Familie, Schule, Gemeinde, Beruf) verursachte Anteile haben können. In den verschiedenen Erscheinungsformen haben diese Anteile jeweils ein unterschiedliches Gewicht. Es wäre mit dem heutigen Wissensstand ein grober medizinischer Kunstfehler, würde man bei schweren Depressionen nur mit therapeutischen Gesprächen und nicht mit Medikamenten arbeiten wollen – ebenso aber auch zu medikamentieren, wenn z. B. eindeutige Trauerarbeit notwendig ist.

Wer über den innerweltlichen Aspekt der Hintergründe für Depressionen hinaus auch die unsichtbare Wirklichkeit Gottes sieht, kann erkennen, daß es auch Depressionen gibt, die ihre Ursachen nicht in der gestörten Biologie oder der gestörten Sozialisation haben, sondern die im direkten geistlichen Zusammenhang gesehen werden müssen. Beispielsweise in dem Sinne, daß Schuld und Sünde das Leben eines Menschen belasten und er darüber depressiv wird. Hier ist dann nicht medikamentöse Behandlung oder Psychotherapie – wie bei den durch innerweltliche Prozesse entstandenen Depressionen – einzusetzen, auch dies wäre ein „Kunstfehler", sondern dem Ratsuchenden klarzumachen, daß durch Jesus Christus das Heil und die Heilung von der Sündenschuld angeboten wird.

Es ist auch biblisch gesehen zu verantworten, wenn wir als Christen davon ausgehen, daß Gottes Führung manchmal so verlaufen kann, daß depressive Lebensphasen ein Stück des Weges sind, den er für seine Kinder als richtig ansieht. Depressionen können dann einzigartige Chancen für eine Neubesinnung sein. Manchmal helfen „schwächere Waffen" nicht mehr, und der liebende Vater benützt dann die stärkeren. Auch hier wäre eine Erklärung der Depression vor biologischem oder soziologischem Hintergrund verfehlt.

Für Christen, die die ganze Wirklichkeit Gottes – und nicht nur den Bereich des Innerweltlichen und Sichtbaren[8b] akzeptieren, kommt also noch die geistliche Dimension hinzu. Sie geht davon aus, daß neben den biologisch determinierten bzw. durch die Umweltbedingungen verursachten Depressionen auch solche stehen können, für die es keine innerweltliche Kausalität gibt: Schuld, okkulte Bindungen, Gottes planvolles Führen usw.

Wer jedoch – und dies scheint mir in der gegenwärtigen Zeit für unsere Gemeinden das größere Problem zu sein – ausschließlich von den letztgenannten Hintergründen ausgeht und damit das natürliche Leben des Christen in der Welt mit all den innerweltlich zu sehenden Ursachen für mögliche Depressionen negiert – macht einen großen Fehler. Er blendet einen Teil der ganzen Wirklichkeit Gottes einfach aus, vergeistigt alle Lebensbezüge und macht sich, sofern er dies als Seelsorger bei depressiven Menschen tut, an diesen schuldig.

3. Verschiedene Erscheinungsformen der Depressionen

Schon aus der griechischen Antike kennt man den „melancholischen" Menschen, auch „schwarzgalliger Typus" genannt, und seit Aristoteles wird dieser Mensch auch immer wieder mit dem „genialen Typus" in Verbindung gebracht.[9]

Bereits in klassischer Zeit wurde die Melancholie den Krankheiten zugeordnet; Krankheiten, die besonders deshalb so herausfordernd waren, weil sich der Patient häufig gar nicht heilen lassen wollte. So wurde recht bald zum Krankheitsbild hinzugehörend eine gewisse „Krankheitsuneinsichtigkeit" gesehen.[10] Waren in der antiken und mittelalterlichen Medizin relativ sanfte Therapieformen üblich (Diät, Bewegungstherapie, Luftveränderung, Unterhaltung), so veränderte sich die Behandlung in der Renaissance dramatisch: Robert Burton berichtet in seiner „Anatomie der Melancholie" (1621) von Brenneisen, die auf die Schädelnaht gesetzt wurden, oder dem Durchbohren des Schädelknochens, um die „melancholischen Dämpfe und Dünste" entweichen zu lassen.[11] Die Verwendung von Opiaten und Brechmitteln war an der Tagesordnung, und in der Psychiatrie des 18. und 19. Jahrhunderts kannte man neben den elementaren Disziplinierungsinstrumenten des Hungers, des Durstes und der Schläge das Eintauchen in kalte Bäder, Abduschen mit eiskaltem Wasser – aber auch das künstliche Verbrennen, Ansteckung mit Krätze, die Anwendung von Magnetismus, Hypnose, die Chloroformierung usw.

Aber auch auf theologischem Hintergrund wurde das depressive Verhalten nicht nur verurteilt, sondern immer wieder der Sünde zugerechnet. So war für die Mystikerin Hildegard von Bingen die „schwarze Galle" kein natürlicher Körpersaft mehr, sondern ein diabolisches Gift, das in unseren Adern rinnt, seit Adam und Eva den Einflüssen der Schlange erlagen. Und Thomas von Aquin weist der Melancholie einen Platz unter den Todsünden zu, „weil sie das geistige Leben aufhebt, das in der Liebe gründet, durch die Gott in uns wohnt".[12]

Solche Denkweisen, die Depressionen einerseits als schwere Krankheit und andererseits als schwere Sünde sahen, haben sich bis zur Gegenwart gehalten. Auch wenn man heute – sprachlich anders ausgedrückt als vor zweihundert Jahren – von einem „gestörten Verhältnis zu Gott" redet oder eine „okkulte Belastung" vermutet usw., steckt doch zumeist ein negativer Ansatz hinter solchen Aussagen: Für Depressionen ist man selbst verantwortlich.

In unserem Jahrhundert hat sich besonders die Psychoanalyse um die Beschreibung depressiver Menschen bemüht. Sie zeichnet die Persönlichkeit des „Manisch-Melancholischen" als eines Menschen mit hohem Leistungsstreben, den Merkmalen der „Ordnung" und „Reinlichkeit", „Eigensinn" und „Trotz" im Wechsel mit abnormer Nachgiebigkeit und übergroßer Güte.

Der japanische Psychiater Shimoda charakterisierte in seiner Auseinandersetzung mit den Kretschmerschen Konstitutionstypen (und hier insbesondere dem „schwerblütigen Typus") den Melancholiker durch die Neigung, an Gedanken und Gefühlen haften zu bleiben, was diese Menschen dazu führt, das, was einmal angefangen ist, höchst verantwortlich zu erledigen, vorbildlich, ordentlich, ehrlich, fleißig, zuverlässig und ernst zu sein.[13]

In der neueren Literatur wird der „Typus melancholicus" durch seine Tendenz zur Überidentifikation und des Aufgehens in der sozialen Rolle charakterisiert.[14]

Bei den letztgenannten Beschreibungen wurden einzelne Wesenszüge des melancholischen Menschen hervorgehoben, die nicht als pathologisch (krankhaft verändert) bezeichnet werden dürfen. In einer krankhaften Form hingegen zeigt sich der schwer depressive Mensch deutlich gestört:

Ihm fehlt jegliche Lebenskraft, er hat keinen Mut, keine Schwungkraft mehr. Häufig leidet er so sehr, daß er sich alle körperlichen Erkrankungen eher wünscht: „Lieber noch Krebs, als diesen schrecklichen Zustand weiter zu ertragen", kann man immer wieder hören. Betroffen ist jedoch nicht nur der gefühlsmäßige Bereich. Weil wir von einer untrennbaren Persönlichkeitsstruktur (also einem gesamtheitlich zu betrachtenden Menschen) ausgehen müssen, leidet neben der Seele auch der Körper, und oftmals ist auch das Denken depressiver Menschen beeinträchtigt.

Am häufigsten erlebt man eine *traurige Form der Depression,* bei der die Trauer allerdings oftmals gar nicht als solche empfunden wird. Der so Depressive leidet an einer tränenlosen Starre. Dumpf und ohne jeglichen Antrieb sitzt er häufig stundenlang in einer Ecke oder bleibt einfach im Bett liegen. Melancholie und Schwermut sind die volkstümlichen Beschreibungen für diese Form der Depression.

Der heute 24jährige E. wurde schon als Kind und junger Mann von seinen Eltern als scheu und zurückgezogen beschrieben. Er hatte wenig Kontakt zu Gleichaltrigen und versenkte sich eher in sein Hobby: das Lesen von Abenteuerromanen. Durch einen Klassenkameraden wurde er in einen Jugendkreis eingeladen und fand dort, kurz vor seinem Abitur, den Weg zum persönlichen Glauben an Jesus Christus. Die frohe Gemeinschaft der jungen Leute wirkte sichtlich auflockernd, und nach einiger Zeit hatte E. so guten Kontakt zu einigen jungen Männern des Kreises, daß man den zuvor kontaktarmen jungen Mann kaum wiedererkannte. Schwierigkeiten machte ihm allerdings die Kontaktaufnahme zu Mädchen ganz allgemein, und auch im Jugendkreis war er auf diesem Gebiet sehr scheu. Er erzählte deshalb auch keinem Menschen davon, daß er sich in ein junges Mädchen dieses Kreises verliebt hatte. Nur mit Gott selbst hatte er einen „Pakt“ geschlossen: Nach abgeleistetem Wehrdienst wollte er sie fragen ...
Weil die Kaserne recht weit vom Elternhaus entfernt war, konnte E. nur relativ selten nach Hause fahren und dann auch nur kurz dort bleiben. Selten genug hatte er Gelegenheit, die „Angebetete“ zu sehen. Mit den Stubenkameraden gab es wenig Gemeinsames, auch kein Jugendkreis fand sich in der Nähe der Kaserne, und die harten körperlichen Anstrengungen zehrten an dem eher zart gebauten jungen Mann. Dem Seelsorger, den er bei einem Wochenendurlaub aufsuchte, erzählte er, daß er keine Freude mehr beim Lesen der Bibel empfinden könne, alles so triste sei – und ihn eigentlich nur noch die Hoffnung auf das Ende der Wehrdienstzeit aufrecht halten würde (von dem nichterreichbaren jungen Mädchen, dem eigentlichen Grund seiner Niedergeschlagenheit, erzählte er in diesem Gespräch nichts).
Zu einem Zusammenbruch kam es, als E. kurz vor Weihnachten von seinen Eltern erfuhr, daß sich das Mädchen mit

einem anderen jungen Mann verlobt hatte. E. konnte die Welt – und vor allem Gott – nicht mehr verstehen. Hatte er nicht einen Pakt mit ihm geschlossen?
Er wurde noch stiller als bisher schon und damit seinen Stubenkameraden immer unheimlicher, schien er doch mit tränenlosem, starrem Gesicht durch sie hindurchzublicken. Zwei Tage lang beantwortete er keine der an ihn gestellten Fragen und blieb danach, trotz dienstlichen Befehls, im Bett liegen. Weil er nicht mehr anzusprechen war, wurde ein Arzt hinzugezogen. Seine Untersuchung ließ E. willenlos und ohne jegliche Reaktion über sich ergehen. Sie erbrachte keinen Befund über eine körperliche Krankheit.
Da von seiten des Arztes akute Suizidgefahr diagnostiziert wurde, entließ man E. vorübergehend nach Hause. Der dort hinzugezogene Seelsorger berichtete, daß seine Worte an E. „wie Wasser abgelaufen" seien und Ermahnungen, Tröstungen, Erinnerungen an frühere Zeiten usw. ohne sichtlichen Erfolg waren. Auch zu einem abschließenden Gebet war E. nicht zu bewegen. Er saß still, apathisch, scheinbar durch den Pfarrer hindurchsehend, auf seinem Stuhl. „Er ist von seinem Glauben abgefallen", war die aus seiner Sicht durchaus verständliche Diagnose des Theologen. Aber dem war nicht so. E. hatte eine Depressionsphase durchzustehen, in der Mahnungen und Forderungen wenig hilfreich sind. Erst eine mehrmonatige biblisch-therapeutische Seelsorge, bei der gezielt auf die Korrektur des „verirrten Denkens" hingearbeitet wurde, brachte langsame Erfolge. Heute ist E. wieder aktiv in seinem Kreis tätig.

Eine andere Art der Depressionen zeigt sich darin, daß der Patient (fast ohne Unterbrechungen) *weint*, alle seine Äußerungen nur noch negativ sind, er „an allem selbst schuld ist, nichts ist, nichts kann und auch zukünftig nichts werden wird ..."

Die heute 48jährige Frau S. bewirtschaftet zusammen mit ihrem Ehemann seit 25 Jahren einen mittelgroßen Bauernhof (mit Großtierhaltung) und hat nebenbei auch noch drei Töchter großgezogen. Die Töchter sind zwischen 20 und 24 Jahre alt, haben ihre Berufsausbildung (in nichtbäuerlichen Berufen) abgeschlossen und besuchen das Elternhaus

nur noch am Wochenende. Vorläufig ist nicht abzusehen, ob eines der Kinder den Bauernhof übernehmen wird.
Herr und Frau S. besuchen sonntags neben dem Gottesdienst die Gemeinschaftsstunde, wo Herr S. bei der Wortverkündigung mitwirkt.
Herr und Frau S. verstehen sich – so die Aussagen von Frau S. – gut. Man habe kaum Spannungen, dazu wäre ja auch viel zuwenig Zeit neben der vielen Arbeit auf dem Hofe.
Vor ca. drei Jahren zeigten sich, zunächst sonntags, später auch an den anderen Tagen, bei Frau S. schwere Depressionserscheinungen. Sie mußte weinen und konnte kaum damit aufhören. Nach zwei oder drei Sätzen begann sie sofort wieder in Tränen auszubrechen. Der hinzugezogene Hausarzt vermutete einen Zusammenhang zwischen dem beginnenden Klimakterium und den Schwermutszuständen und versuchte eine Hormontherapie – mit nur geringem Erfolg. Frau S. war immer noch rätselhaft schwermütig, weinte häufig und nahm dann auch noch so stark zu, daß sie sich immer mehr schämte, außer Haus zu gehen.
Auch die nach einiger Zeit durchgeführte Behandlung in der psychiatrischen Landesklinik war erfolglos.
Obwohl von Gemeinschaftsseite immer wieder einzelne Seelsorger mit Frau S. beteten, okkulte Belastungen zu lösen suchten und ihr viele Ratschläge gaben, besserte sich ihr Zustand kaum. Besonders belastend war es für sie, wenn die Seelsorger von ähnlichen Fällen erzählten, bei denen das Gebet geholfen hatte, und wenn sie (wenn auch nicht immer so ausgesprochen) erkennen ließen, daß Frau S. vielleicht gar nicht richtig wolle.
Aber dem war nicht so. Eine Behandlung im Sinne der biblisch-therapeutischen Seelsorge zeigte, daß Frau S. in den vergangenen 25 Jahren keinen Tag Urlaub gemacht hatte, noch niemals in ihrem Leben in einem Café gewesen war, daß sie auf die Frage: „Was tun sie gern?" überhaupt keine Antwort geben konnte und daß auch keinerlei Zukunftsperspektiven vorhanden waren.
Es handelte sich hier um eine durch langandauernden Streß hervorgerufene Überlastungsdepression, die dadurch verstärkt wurde, daß durch den Weggang der Kinder kaum noch Lebenssinn vorhanden war. Auch zeigte sich, daß die

Glaubenshaltung eher angelernt denn verinnerlicht war. Frau S. ging eben sonntags in Gottesdienst und Gemeinschaft, weil man immer dahin gegangen war.
Die mit Frau S. angefangene biblisch-therapeutische Seelsorge ist noch nicht abgeschlossen. Man darf nicht erwarten, daß die in Jahren eingeschliffenen Verhaltensmuster innerhalb von wenigen Monaten verschwinden. Aber sie hat mittlerweile gelernt (und um einen Lernprozeß geht es hier eindeutig), „Verstärker zur Freude" zu gebrauchen. Und sie sieht auch in der Glaubensdimension Jesus Christus als den Heiland im wörtlichen Sinne, also den Heiler ihres Zustandes, der nicht fordernd und anklagend vor ihr steht, wenn sie weint, sondern Freude schenken möchte. Noch gebraucht Frau S. Antidepressiva, aber in Zusammenarbeit mit Arzt und Seelsorger sollen diese „ausgeschlichen" und gleichzeitig ein medizinisch bzw. verhaltenstherapeutisch orientiertes Programm zur Reduzierung ihres Körpergewichts (sie hatte während der medikamentösen Behandlung 15 kg zugenommen) durchgeführt werden.

Immer wieder sehen wir auch depressive Menschen, die ständig über *Schuld und Schuldgefühle* grübeln. Häufig haben solche Gedanken einen fast zwanghaften Charakter. Bei Christen ist es dann oftmals die Frage, ob sie „die Sünde wider den Geist" begangen haben. Damit in Verbindung zeigen sich auch *Selbstmordabsichten,* die auf alle Fälle ernst zu nehmen sind. Auch Christen können in die Versuchung kommen, ihrem Leben ein Ende machen zu wollen. Die Depression kann so übermächtig, die Dunkelheit so schwarz, das „In-Schraubstockbacken-eingepreßt-Sein" so stark werden, daß sie keinen anderen Ausweg mehr sehen. Deshalb dürfen wir solcherart kranke Menschen auch nicht alleinlassen. Hier hat es sich bewährt – um gleich vorab einen therapeutischen Ratschlag zu geben –, einfach da zu sein, auch wenn der Kranke scheinbar nicht zuhört, ihm ein Wort aus den Psalmen vorzulesen (z. B. Psalm 23), nichts von ihm zu verlangen und auch keine Reaktion zu erwarten.

Zu bedenken ist, daß Selbstmordversuche häufiger zu Beginn und am Ende einer Depressionsphase auftreten. In der Tiefe einer Depression („im Loch") ist der Kranke in der Regel dazu nicht in der Lage. Aber auch hier ist Vorsicht geboten, denn häufig findet man depressive Patienten, die zur Dissimulation neigen, d. h. ein vorhandenes Leid als nicht bestehend vortäuschen, um dem Gewahrsam der Klinik oder der Freunde zu entgehen – und sich dann etwas anzutun.

In den vergangenen Jahren zeigte sich, daß bei vielen Depressionen stärker als früher *körperliche Symptome* auftreten. Womöglich ist dies darauf zurückzuführen, daß der Materialismus in unserem Leben zu Lasten der Entwicklung der Gemütskräfte zugenommen hat.[15] Hier manifestiert sich ein Zeitgeist, der nicht bereit ist, Störungen der Gefühle bzw. der Seele zu akzeptieren, es aber durchaus erlaubt, körperlich krank zu sein. Trotz aller Fortschritte beim Erkennen und Feststellen von Krankheiten werden die mit körperlichen Krankheiten verdeckten *(somatisch larvierten) Depressionen* auch von Fachleuten nicht rechtzeitig erkannt.

Anzeichen solcher verdeckten Depressionen zeigen sich besonders in einer Verschiebung der Stimmungslage, der Unfähigkeit, sich freuen zu können, dem Nachlassen von Entschlußkraft, Schlafstörungen, einer motivlosen Angst, der Tendenz zum Grübeln – vor allem aber durch die Vielfalt, Wechselhaftigkeit und ängstlichen Schilderung der körperlichen Beschwerden.

Viktor Frankl konnte zeigen, daß die sogenannte *„noogene Neurose“* (= eine existentielle Krise zur Ursache habende Neurose) zu einer in jüngster Zeit stark zunehmenden Depressionsform geführt hat, von der er annimmt, daß ca. zwanzig Prozent der Bevölkerung betroffen sind.[16] Das Sinnlosigkeitsgefühl, verbunden mit Leere bzw. einem „existentiellen Vakuum“, macht auch vor kommunistisch regierten Ländern und Entwicklungsländern nicht halt.[17] Noogene Neurosen sind zu einem internationalen Problem geworden, für das Frankl folgende Erklärung hat:

> „... daß im Gegensatz zum Tier dem Menschen nicht mehr die Instinkte und Triebe sagen, was er tun muß. Und im Gegensatz zu früheren Zeiten sagen dem Menschen heute nicht mehr Traditionen bzw. tradierte Werte, was er tun soll. Jetzt weder wissend, was er tun muß, noch was er soll, scheint er manchmal gar nicht zu wissen, was er überhaupt will. Und was ist die Konsequenz? Entweder er will einfach das, was die andern tun. Da haben Sie den Konformismus

von heute. Oder umgekehrt: Er tut einfach das, was die anderen von ihm wollen. Da haben Sie den Totalitarismus der heutigen Zeit . . ."[18]

Frankl sieht maskierte Formen der existentiellen Frustration insbesondere auf dem Hintergrund der zunehmenden Zahl der Selbstmorde jugendlicher Studenten (in den USA ist der Selbstmord nach dem Verkehrsunfall die zweithäufigste Todesursache bei College-Studenten), der Drogenabhängigkeit, dem so verbreiteten Alkoholismus (bei schweren Fällen von Alkoholismus ließ sich feststellen, daß neunzig Prozent an einem abgründigen Sinnlosigkeitsgefühl litten) und der zunehmenden Jugendkriminalität.

Wenn wir nun die verschiedenen Erscheinungsformen der Depressionen (die sich wiederum graduell zwischen leichten und schweren unterscheiden lassen) zusammenfassen, dann sehen wir deutlich, daß zumeist Geist, Seele und Leib gemeinsam betroffen sind.

Beck[19] konnte zeigen, daß die nachfolgend genannten Symptome bei schwerer Depression um zumindest *ein Drittel häufiger* sind als bei Nichtdepressiven:

Emotionaler Bereich
Niedergeschlagenheit, Verlust jeder Befriedigung, Weinkrämpfe, Abneigung gegen sich selbst, Verlust der Bindungen, Verlust der Fröhlichkeit.

Kognitiv-motivationaler Bereich
Negative Erwartungen, Suizidverlangen, verzerrtes Selbstbild, Wertlosigkeit, Unentschlossenheit, Verlust an Motivation, niedrige Selbsteinschätzung, Selbstvorwürfe, Selbstkritik, Versündigungsideen.

Vegetativ-körperlicher Bereich
Appetitlosigkeit, Schlafstörungen, Müdigkeit, Verlust an sexuellem Interesse, Stuhlverstopfung, verlangsamtes Sprechen, gebeugte Haltung, trauriger Gesichtsausdruck, eingeschränkte Spontaneität.

Versucht man, die verschiedenen Formen der Depressionen in einem System unterzubringen, so hat sich seit ca. fünfzehn Jahren die Einteilung von Kielholz bewährt. Er geht davon aus, daß für die Entstehung von Depressionen immer Anteile auf körperlichem (somatogenem) bzw. umweltbedingtem Hintergrund verantwortlich zu machen sind. Entsprechend den jeweiligen Anteilen ergeben sich dann die Hauptgruppen der *somatogenen* Depressionen (organische und symptomatische Depressionen), der *endogenen* Depressionen (schizophrene Depressionen, zyklische Depressionen, periodische Depressionen, Spätdepressionen) und der *psychogenen* Depressionen (neurotische Depressionen, Erschöpfungsdepressionen, reaktive Depressionen). Hier läßt sich auch die weiter vorn beschriebene Einteilung in Depressionen auf eher psychotischem Hintergrund bzw. neurotischem Hintergrund nochmals zeigen.

Im Koordinatensystem der Abbildung 1 wird dargestellt, daß die Einteilung der Depressionen praktisch übergangslos von oben (somatogen) nach unten (psychogen) verläuft. Die links oben dargestellten Formen gehören in den Formenkreis der Psychosen, während unten rechts die neurotischen Depressionen

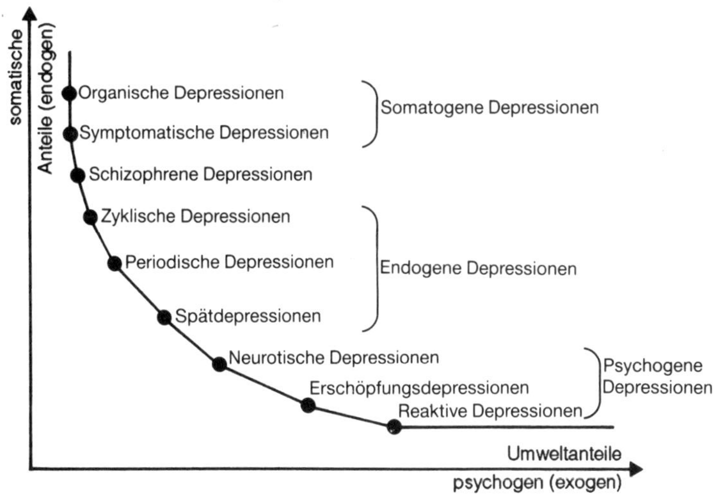

Abb. 1: Einordnung der Depressionszustände nach Kielholz

angesiedelt sind. Es muß allerdings bei dieser Darstellung nochmals darauf hingewiesen werden, daß zwischen Psychosen und Neurosen (in dem bereits beschriebenen Sinne) unterschieden werden muß und daß aus der Kurve nicht abgeleitet werden darf (wie dies S. Freud angenommen hatte), daß sich aus Neurosen in der Regel Psychosen entwickeln. Es gibt zwar einzelne Fälle, die einer solchen Aussage widersprechen, jedoch sollten dabei eher zwei nebeneinander verlaufende Krankheiten gesehen werden: Man kann ja gleichzeitig ein gebrochenes Bein und Grippe haben, und dabei wird auch nicht angenommen, daß die eine Krankheit eine Folgeerscheinung der anderen ist.

Kielholz[20] schlägt für die in der Abbildung 1 dargestellten Untergruppen folgende Definition vor: Als *reaktive Depression* beschreibt er traurige oder ängstliche Verstimmungszustände, die sich an ein umweltbedingtes schmerzliches Ereignis unmittelbar anschließen, nicht sehr lange (eine bis zwei Wochen) anhalten und deren Inhalte im wesentlichen um das auslösende emotionelle Ereignis zentriert bleiben.

Zwischen der normalen Trauer und der reaktiven Depression gibt es einen fließenden Übergang.

> Elvira, eine 21jährige Bankkauffrau hatte sich mit dem 23jährigen Klaus, einem Studenten, mit dem sie zusammen den Jugendkreis besucht, verlobt. Gemeinsam planten die beiden die Zukunft. Die baldige Hochzeit rückte rasch nahe. Eine Freizeit „für Verliebte und Verlobte" sollte die letzte Vorbereitung sein.
>
> Während der Freizeittage verunglückte Klaus tödlich. Elvira ist untröstlich, die Zukunft ist nur noch dunkel. Alle Tröstungen, auch die geistlichen des Jugendkreisleiters scheinen durch sie hindurchzugehen. In tränenloser Starre liegt sie auf dem Sofa. Sie arbeitet nicht, sie ißt nicht. Zehn Tage lang bleibt dieser Zustand ganz ähnlich. Der Pastor ist ratlos, Elvira weist ihn ab.
>
> Die Eltern bringen ihre Tochter in die biblisch-therapeutische Seelsorge. Auch dort öffnet sich Elvira anfänglich überhaupt nicht. Gegen Ende der Stunde kommt die kleine Hauskatze und schnurrt um ihre Füße, springt auf ihren Schoß – und jetzt beginnt Elvira plötzlich hemmungslos zu weinen. Sie redet und redet. Nach zwei weiteren Gesprächen hat sie

wieder festen Boden unter den Füßen. Sie kann den schweren Schlag noch nicht ganz annehmen – aber das muß sie im Augenblick auch noch nicht.

Als *Erschöpfungsdepressionen* bezeichnet Kielholz traurig-ängstliche oder apathisch-düstere Verstimmungen, die nach lange andauerndem quälendem Affektdruck, schweren wiederholten Psychotraumen oder immer wiederkehrenden affektiven Nadelstichen auftreten. Erschöpfungsdepressionen sind nicht die Folgezustände von körperlichen oder geistigen Ermüdungen (diese gehören zur obengenannten Gruppe der „reaktiven Depressionen"), sondern sie treten dann auf, wenn die Psyche dieser Menschen über lange Zeit hinweg einseitig negativ belastet wurde.

Der 21jährige Hans lebt auf dem Dorf. Seine Eltern haben einen kleineren landwirtschaftlichen Betrieb, der sie jedoch nur mühsam ernährt. Der Vater geht aus diesem Grunde auch in der Winterzeit in die Fabrik, um hinzuzuverdienen. Hans soll es einmal besser haben, deshalb schicken ihn die Eltern auf das Gymnasium. Als einziger Schüler fährt er täglich 16 Kilometer hin und zurück.
Schon zu Beginn seiner Schulzeit hänseln ihn seine Kameraden. Er ist „der Bauer", „stinkt nach Stall" usw. Der feinfühlige Hans leidet sehr unter diesen Sticheleien. Aber er möchte seinen Eltern nichts davon erzählen. Sie nehmen ja ein so großes Opfer auf sich, damit es „der Sohn einmal besser hat".
Im Alter von 15 Jahren fällt den Lehrern und den Eltern auf, daß Hans immer dünner wird. Der Arzt stellt Unregelmäßigkeiten im Magen-Darm-Trakt fest, verschreibt Medikamente und meint, daß eine baldige Besserung zu erwarten sei. Aber Hans bleibt sehr anfällig für diese Art von Krankheiten. Er kann niemandem erzählen, wie sehr er unter seinem Status in der Schule leidet. Auch nicht dem Leiter einer Jugendgruppe, bei der er den Weg zum lebendigen Glauben findet. Er ist glücklich, daß er sich von Jesus Christus erlöst wissen darf – aber in der Schule kommen die Diskriminierungen immer noch wie Peitschenhiebe auf ihn zu. Und er leidet weiterhin.
Nach dem mit hervorragenden Zeugnissen abgelegten

Abitur studiert Hans auf Rat seiner Eltern Landwirtschaft. Obwohl er jetzt mit ähnlich motivierten Studenten zusammenlebt, bleibt die düstere und traurige Stimmung erhalten. „Ich habe überhaupt keine Lebensfreude, immer wieder Selbstmordgedanken, habe Angst, in die Vorlesungen zu gehen – und auch Angst vor Gott", dies sind die wesentlichen Sätze im ersten Gespräch bei einer biblisch-therapeutischen Seelsorge.

Es dauert einige Monate, bis das „verirrte Denken" rekonstruiert ist, bis Hans das erste Mal wieder lachen kann. Er hat jetzt gelernt, sich objektiv zu sehen, seine Persönlichkeit zu akzeptieren, und dann auch ein verändertes Verhältnis zu Gott gewonnen. Im übrigen studiert er weiterhin Landwirtschaft, und beim Vorbeifahren an seinem ehemaligen Gymnasium überfällt ihn immer noch ein Bauchgrimmen. „Aber damit kann ich auskommen", sagt er, „die schwere Zeit gehört zu meinem Leben hinzu."

Unter *neurotischer Depression* versteht Kielholz eine durch ganz oder teilweise verdrängte Konflikte bedingte Störung der psychischen Erlebnisverarbeitung, die zeitweise oder dauernd mit einer vorwiegend depressiven Symptomatik einhergeht.

Herr A. ist ein Geschäftsmann in den Vierzigern. Er ist künstlerisch hochbegabt und hat ein Grafikbüro aufgebaut, in dem er überwiegend für große Firmen Entwürfe für die Werbung macht. Seine Frau bittet um ein Gespräch im Rahmen der biblisch-therapeutischen Seelsorge und erzählt, daß sie eigentlich nicht wegen sich selbst, sondern wegen ihres Mannes komme. Der Mann sei aber nicht dazu bereit, er wolle eventuell in eine „normale" Psychotherapie gehen, nicht jedoch in eine „biblisch-therapeutische Seelsorge" kommen. Mit der Kirche, so meint die Ehefrau, wolle er nichts zu tun haben, die hätte ihn schwer enttäuscht.

Nach einigen Tagen kommt Herr A. dennoch, nachdem er sich vorher schriftlich angemeldet hat, in die Sprechstunde. Er erzählt von seinen geschäftlichen Erfolgen und danach von den Problemen. Seit sieben Jahren kann er praktisch keine Nacht mehr durchschlafen. Das Einschlafen geht zwar, aber schon gegen ein Uhr in der Nacht wacht er auf, wälzt sich im Bett hin und her, hat erhöhten Pulsschlag und immer wieder unbestimmbare Gefühle der Beklemmung und der Angst.

Der Hausarzt hatte ihn schon einige Male gründlich untersucht und auch eine neurologische Abklärung blieb ohne Befunde. Beide Ärzte rieten wegen der psychosomatischen Hintergründe zu einer Psychotherapie.

Nach einer gründlichen Erhebung der Symptome und des Umfeldes (Anamnese) wird deutlich, daß Herr A. ein eigentümliches Abwehrverhalten gegenüber der Kirche, der Bibel, ganz allgemein „gegen alles Fromme" zeigt – und dennoch den Weg in die biblisch-therapeutische Seelsorge sucht.

Er weicht den Gesprächen um dieses Gebiet zwei Sitzungen lang aus, gewinnt jedoch (weil nicht nachgebohrt wird) zunehmend Vertrauen. Durch ein nichtdirektiv geführtes Gespräch beginnt er über sich selbst nachzudenken, seine Nöte, seine Ängste, seine Beklemmungen, seine Angst vor Gott. Er erzählt dann, daß er schon einmal verheiratet war, daß er seine erste Frau zur Abtreibung eines ungeborenen Kindes gezwungen und sich bald danach von ihr getrennt hat, „um nicht immer an diese Sache zu denken".

Niemals hatte er mit seiner jetzigen Frau über diese Angelegenheit gesprochen. „Ich habe das alles einfach verdrängt", war sein Kommentar hierzu.

Es war im Anschluß an dieses Gespräch möglich, von der Vergebung der Schuld, vom Abgeben, vom Schuldbrief, der zerrissen ist, zu sprechen und Herrn A. den Weg zu Gott über Jesus Christus zu zeigen. Die verdrängten Konflikte wurden ausgesprochen und vor Gott gebracht. Heute lebt Herr A. fast beschwerdefrei und glücklich zusammen mit seiner Frau. Er hat immer noch Schwierigkeiten, den Debatten über den §218 zu folgen, „dabei zieht sich dann alles in mir zusammen", sagt er. Aber er lernt auch zu begreifen, daß er auf diesem Gebiet wohl zeitlebens eine Dünnstelle behalten wird – und damit leben muß.

Von dieser Gruppe der Depressionen, deren exogener bzw. psychogener Charakter allgemein anerkannt ist (und die wir bei einer Grobeinteilung zu den Neurosen zählen können), grenzt

Kielholz die *somatogenen*, d. h. körperlich begründbaren Depressionen ab. Sie werden auf dem Hintergrund von strukturellen Veränderungen des Gehirns gesehen (hier ist dann auch die Bezeichnung „depressive Psychose" anwendbar) bzw. können auch als Begleiterscheinung von Krankheiten gesehen werden, die nicht in direktem Zusammenhang mit einer Gehirnerkrankung stehen (symptomatische Depressionen).

Frau Mast ist 46 Jahre alt und kommt auf Anraten ihres Pfarrers in die biblisch-therapeutische Seelsorge. Er kennt sie seit vielen Jahren als aktive Kirchengemeinderätin und berichtet von der drastischen Veränderung in den vergangenen Monaten.

Schon beim ersten Gespräch erzählt Frau Mast, daß sie sich selbst ganz verändert fühle. Seit einer Unterleibsoperation vor einem knappen halben Jahr versteht sie sich und die Welt nicht mehr. Sie hat morgens schon Mühe aufzustehen, Angst vor dem Einkaufen, vor dem Planen des Mittagessens, Angst vor ihren Kindern, vor ihrem Mann. Die Zukunft sieht sie düster, sie hat zugenommen, die Kleider passen nicht mehr, die Fröhlichkeit, durch die sie sich immer auszeichnete und die überall bekannt war, ist wie weggeflogen. „Auch der Kirchenchor und die Bibelstunden bringen mir gar nichts mehr, und während der Predigt am Sonntag sitze ich wie ein Holzklotz in der Kirche." Ihre inständige Bitte ist, wieder so zu werden, wie sie früher einmal war.

Es braucht einige Stunden Zeit, um daran zu arbeiten, daß Depressionen auch Chancen für das weitere Leben sein können. Frau Mast kann dies fast nicht akzeptieren. Eine Rücksprache mit dem Arzt zeigt, daß die Problematik an ganz anderer Stelle liegt. Frau M. hat die ihr verschriebenen Antidepressiva nicht eingenommen. „Das hat bei mir ja doch keine Wirkung, ich habe die Tabletten genommen, aber das einzige, was ich gespürt habe, war Müdigkeit und ein trockener Mund, geholfen haben sie mir überhaupt nicht . . ."

Es erfordert einige Konsequenz, mit Frau Mast daran zu arbeiten, daß sie die Antidepressiva regelmäßig einnehmen muß, daß diese erst nach einiger Zeit wirksam sein werden und daß man mit einer solchen Art von Medikamenten nicht „süchtig" wird (davor hatte sie große Angst).

Nach einem knappen halben Jahr hat sich die Situation deutlich verbessert. Frau Mast hat neu zu leben gelernt, jetzt auch mit den Antidepressiva. Sie weiß, daß sie nicht mehr ganz so werden wird, wie sie früher einmal war. Aber sie hat ein Ja zu ihrem Weg gefunden.

Zwischen den eindeutig somatogenen bzw. psychogenen Depressionen siedelt Kielholz die *endogenen Depressionen* an, die er folgendermaßen definiert:

> „Unter der Bezeichnung ‚endogene Depression' verstehen wir die depressiven Phasen aller affektiven Psychosen, d. h. des manisch depressiven Formenkreises (bipolare Formen) und der periodischen oder monophasigen Depressionen (monopolare Formen). Sie können dementsprechend einmalig, periodisch oder mit vereinzelten manischen Phasen alternierend auftreten und sind nach der heutigen Auffassung vorwiegend konstitutionell bedingt. Sie werden in Deutschland auch als Melancholie, vitale Depression ... depressive Phasen der Zyklothymie bezeichnet."[21]

Meines Erachtens wird viel zu häufig die Diagnose einer „endogenen Depression" gestellt. Dies aus mehreren Gründen. Zum einen entfällt bei einer solchen Beschreibung des Krankheitsbildes die immer sehr zeitaufwendige Erfassung der soziokulturellen Hintergründe der Krankheitsgeschichte. Man kann die Depression dann entweder als „genetisch" bedingt oder im Zusammenhang mit einer Stoffwechselstörung im weitesten Sinne stehend beschreiben. Zum anderen lassen sich bei einer solchen Diagnose gezielt Medikamente einsetzen.

Kurz gesagt: Die Therapie wird einfacher, weil Vorgeschichte (Anamnese) und Ursachen einer Krankheit (Ätiologie) auch vereinfacht wurden.

Natürlich gibt es aber endogene Depressionen. Und hierzu liegen auch neuere Forschungsergebnisse vor. Diese widerlegen die bis in jüngste Zeit vorherrschende Meinung, die davon ausging, daß endogene Psychosen eher zufällig auftreten. Die These von den „blinden Schlägen", die eine solche Krankheit „ausklinken", mußte revidiert werden. Deutlich konnte gezeigt werden,[22] daß kein „blinder Affektschlag" erfolgt, sondern daß es überwiegend *negative* Ereignisse sind, die eine endogen-depressive Phase auslösen. Starke *positive* (euphorische) Gemütsbewegungen kommen dafür so gut wie nie in Frage.

Zusammengefaßt kann demnach gesagt werden, daß die Disposition *(Veranlagung)* zu einer *endogenen Depression latent vorhanden sein kann, jedoch nicht zwingend zum Ausbruch kommen muß.*

Immer wieder zeigte sich bei neueren Untersuchungen, daß ganz bestimmte Ereignisse überzufällig (d. h. statistisch belegt) als Auslöser einer endogenen Depression auftraten: Bei Männern waren es häufig die Zusammenhänge mit der Berufswelt und bei Frauen Störungen der Genital- und Fortpflanzungsfunktion (die aber nicht zwingend hormonell bedingt sein müssen, sondern eher als „Minderwertigkeit" der betroffenen Frauen empfunden werden!). Ein Maximum an endogenen Depressionen tritt also dann auf, wenn Menschen in entwicklungspsychologisch schwierigen Zeiten stehen (Verlust der betrieblichen Ordnung, des Status, der „Wichtigkeit", scheinbarer Verlust geschlechtsspezifischer Qualitäten usw.).

In der Literatur finden sich, entsprechend den unterschiedlichen Definitionen von Neurose bzw. Psychose, auch streuende Zahlenangaben zum quantitativen Aspekt dieser Krankheitsform. Bei einer vorsichtigen Zusammenfassung kann dennoch davon ausgegangen werden, daß knapp ein Drittel der Bevölkerung wegen „Angst, Depressionen oder anderer nervöser Beschwerden" (Frauen mehr als Männer) – also Krankheitsbildern, die zum Formenkreis der Neurosen gerechnet werden können – behandelt wird.[23] Psychosen sind, wie schon bemerkt, wesentlich seltener. Man schätzt ihren Anteil nur auf wenige Prozent, so daß davon ausgegangen werden darf, daß *endogene bzw. somatogene Depressionen wesentlich seltener (etwa um eine Zehnerpotenz) als psychogene Depressionen auftauchen.*

Diese Zahlen zeigen, daß seelsorgerliche bzw. psychotherapeutische Hilfen einen ganz gewichtigen Stellenwert bei der Behandlung depressiver Zustände einnehmen, daß sie pharmakologische Hilfen bei endogenen und somatogenen Depressionen zwar nicht ersetzen können, aber auch hier eine wesentliche, flankierende Maßnahme darstellen.

4. Therapeutische Hilfen aus Medizin und Psychotherapie

4.1 Erkenntnisse aus der Medizin

Eine Reihe neuerer Untersuchungen zeigt auf, daß möglicherweise eine Störung im Zusammenspiel der Neurotransmitter (d. h. chemischer Verbindungen, die der Nachrichtenvermittlung zwischen den Nervenzellen dienen; Hormone bzw. hormonähnliche Stoffe wie Adrenalin, Noradrenalin, Dopamin und Serotonin) eine der möglichen Ursachen für die Entstehung von Depressionen sein könnte. Sie tragen entscheidend zu Gedanken und Gefühlen, Wachheit, Müdigkeit, guter Laune oder Griesgrämigkeit bei. Schon bei einem Tausendstelgramm zuviel oder zuwenig dieser Stoffe verändern sich Stimmung, Leistung und Bewegungsdrang, treten Wahrnehmungsmängel und Wahnvorstellungen auf. Im Münchner Max-Planck-Institut werden Untersuchungen über die Zusammenhänge von Depressionen mit einer Überproduktion des Streßhormons Cortisol untersucht und die Hypothese aufgestellt, daß manche schweren Depressionen in ihren hormonalen Verhältnissen anhaltenden Streßreaktionen gleichen, wobei der Organismus aber die Fähigkeit verloren hat, sich nach einiger Zeit an diesen Streß anzupassen.

Weiterhin gibt es Annahmen über einen gestörten Stoffwechsel der Neurotransmitter, d. h. der Botenstoffe (und hier insbesondere des Serotonins), die die Enden der Nervenzellen miteinander verbinden. Ein Defizit der Botenstoffe und zu viele Rezeptoren können demnach als eine der biologischen Ursachen der Depression gesehen werden. Einige Forschungsergebnisse zeigen, daß ein gestörter Neurotransmitterstoffwechsel beispielsweise auch zu autoaggressivem Verhalten und damit zu einer höheren Selbstmordgefahr führen kann[24].

Die Untersuchungen hierüber sind aber noch im Gange, und wenn es gelingen sollte, die Tätigkeit der Neurotransmitter durch Medikamente zu steuern, wäre dies ein beträchtlicher Durchbruch bei der Heilung von Depressionen. Derzeitig gibt es erste Ansätze, um insbesondere den Menschen mit somatogenen bzw. endogenen Depressionen zu helfen: Medikamente, die die Wirkung von Serotonin und Noradrenalin verstärken. Sie haben allerdings einen entscheidenden Nachteil: Sie wirken erst ca. zwei Wochen nach Behandlungsbeginn und kommen deshalb bei Menschen mit akutem Selbsttötungsdrang zu spät. Zudem werden diesen Medikamenten Herzrhythmusstörungen als lästige Nebenwirkungen angekreidet. Auch die oftmals verwendeten Lithiumpräparate zeigen ihre positiven Wirkungen in der Regel erst nach Monaten.[25]

Unbestritten hat die Entwicklung moderner Psychopharmaka in den vergangenen dreißig Jahren die psychiatrische Landschaft gewaltig verändert. Die relativ große Furcht vor diesen Medikamenten ist eigentlich nicht begründet, denn sie haben – fachgerecht angewandt – vielen Menschen helfen können. Es kommt aber ganz wesentlich darauf an, daß die jeweils richtigen Psychopharmaka ausgewählt werden. Kielholz empfiehlt Kreislaufmittel bei arteriosklerotischen Depressionen, Neuroleptika bei depressiven Schizophrenien, eine Entgiftung bei toxischen und pharmakogenen Depressionen und Antidepressiva bei endogenen und psychogenen Depressionen (vgl. Abb. 1).

So positiv Psychopharmaka im Einzelfall auch sein können (und sie haben tatsächlich den Umgang mit seelisch kranken Menschen revolutioniert), so negativ wirkt sich ihre breite Streuwirkung für alle Problemfälle des täglichen Lebens aus. Insbesondere für viele Frauen ist *der* Weg zur Problemlösung ein Gang zum Arzt – und von vielen Medizinern werden bestimmte Psychopharmaka (wie eine neuere Studie zeigte) als „risikoarme Problemlöser" gesehen. Verheißt doch die Werbung: „Schafft die Ausgeglichenheit der Psyche" (Tranxilium), „Der Schlüssel zur seelischen Rast" (Adumbran), „Rechtzeitig psychische Spannungen beheben" (Valium) oder „Probleme lösen statt verdrängen" (Tavor).

Fachleute warnen vor den Gefahren des leichtfertigen Umgangs mit Psychopharmaka aus der Gruppe der Benzodiazepine, denn Beruhigungsmittel sind nach Alkohol – und mit weitem Abstand vor illegalen Drogen (Haschisch, Heroin, Kokain usw.) – zum Suchtverursacher Nummer zwei geworden, wobei doppelt so viele Frauen wie Männer nach solchen Mittel süchtig geworden sind.[26]

So gesehen kann die Behandlung (insbesondere der psychogenen Depressionen) mit Benzodiazepinen zum Bumerang werden: Aus dem depressiven ist ein süchtiger Mensch geworden – und die eigentliche Ursache der Depression wurde nicht entscheidend verändert.

Aber nicht nur Erwachsene sind betroffen: Nach einer Hochrechnung des Instituts für Medizinische Statistik werden in der Bundesrepublik pro Jahr allein 400 000 Hypnotika und Sedativa an Kinder unter 12 Jahren verschrieben, darunter auch abhängigkeitserzeugende Schlafmittel.

Allein 100 000 Verordnungen von Antidepressiva wurden – zumeist gegen Bettnässen – verabreicht. Gegen Konzentrations- und Merkschwächen, bei Unruhe und „Hyperaktivität" werden Psychopharmaka verordnet, die eigentlich nur für kindliche Psychosen angemessen wären. Zusammengefaßt, so der Kinderarzt Walter, ist jedoch *kein* Medikament „zur Behandlung von Schulschwächen primär geeignet", und entgegen allen Versprechungen der Hersteller treten sogar oftmals gegensätzliche Wirkungen auf.[27]

Verständnisvolles Eingehen auf das „Anderssein", Verhinderung des ständigen Vergleichens mit anderen Kindern und womöglich die Konsultation eines Kinderpsychologen sind in den allermeisten Fällen eher angebracht als pharmakologische Therapien.

4.11 Standardtherapie bei endogenen Depressionen

Man versucht, auf den Stoffwechsel der Neurotansmitter einzuwirken und beginnt in der Regel[27a] damit, ein Standard-Antidepressivum mit dem Wirkstoff Amitiriptylin (z. B. „Saroten") mit einer Tagesdosis zwischen 30 und 200 mg über mindestens drei Wochen hinweg einzusetzen.

Bleibt der Erfolg nach drei Wochen aus, wird die Tagesdosis erhöht, wobei dann natürlich auch die Nebenwirkungen zunehmen (Mundtrockenheit, Herzklopfen).

In einem dritten Schritt wird auf ein Antidepressivum einer anderen Substanzklasse gewechselt. Auch das schon altbewährte Lithium ist hier angebracht. Es führt nicht selten zu einer überraschenden Wende.

Als *begleitende Maßnahme* bewähren sich „Lichtduschen", d. h.

die Bestrahlung mit UV-Licht. Die eigentlichen Hintergründe für den Erfolg sind noch nicht abgeklärt, womöglich führt die Bestrahlung zu einer intensiveren Produktion der Neurotransmitter. Auch der „Schlafentzug" bzw. die „antidepressive Wachtherapie" zeigen beachtliche Erfolge als begleitende Maßnahme bei der Behandlung endogener Depressionen. David Sack und Thomas Wehr konnten nachweisen[27b], daß Menschen, die zwischen 2 und 7 Uhr in der Nacht nicht geschlafen haben, signifikant weniger depressive Symptome hatten, als eine Vergleichsgruppe, der der Schlaf zwischen 21.00 und 2 Uhr in der Nacht entzogen worden war. Die Patienten werden bei der Behandlung üblicherweise um 1.30 Uhr geweckt und angehalten, bis zum Abend des folgenden Tages nicht zu schlafen – und diese Prozedur bis zu dreimal wöchentlich wiederholt. Schon nach zwei Tagen ist die Wirkung recht deutlich, und sie entspricht im Grunde genommen einer uralten Tradition des Volksbrauches, in regelmäßigem Turnus gesellige „Freinächte" einzuplanen, die der Schlafentzugstherapie sehr ähnlich sind. So gesehen kann auch den „Gebetsnächten", die in manchen Gemeinden üblich sind, eine gewisse innerweltliche Therapiefunktion zugeschrieben werden.

Neben diesen begleitenden Techniken aus der Medizin hat sich gezeigt, daß auch bei endogenen Depressionen die Psychotherapie – und hier insbesondere die kognitiven Therapien – sehr hilfreich eingesetzt werden können.

4.12 Depressionen, die der Behandlung trotzen

Endogene Depressionen mit überwiegend phasischem Verlauf reagieren zumeist so günstig auf Antidepressiva, daß die Kranken ambulant durch ihren Hausarzt oder den Nervenarzt behandelt werden können.

Es hat sich jedoch gezeigt, daß mit der weiter oben beschriebenen Standardbehandlung durch Antidepressiva und begleitende Psychotherapie bei ungefähr einem Drittel aller Patienten eine gewisse Therapieresistenz vorliegt. Hier muß dann gegebenenfalls stationär behandelt werden.

Der stationäre Aufenthalt ist deshalb sinnvoll, weil die „Therapieresistenz" ja nicht nur vom Patienten, sondern auch vom Therapeuten ausgehen kann. Wenn die Diagnose richtig gestellt wird, der Patient mitarbeitet und die Medikamente wohldosiert werden können, vermindert sich die Therapieresistenz jedoch von einem Drittel auf ca. 10 %.

Diese restlichen 10 % können jedoch zu einer Geduldsprobe für die Therapeuten und die Familienangehörigen – und nicht zuletzt natürlich auch für die Patienten selbst werden. Sie leiden dann ja nicht nur an ihren depressiven Symptomen, sondern auch an den Enttäuschungen, die der bisherige Krankheitsverlauf, die immer wieder neuen Mißerfolge gebracht haben. Hoffnungslosigkeit aber ist kontraproduktiv zur Behandlung der Depression.

Je länger die Behandlung dauert, um so schwerer wird auch die emotionale Belastung der Therapeuten, und nicht selten lassen sie sich von der Hoffnungslosigkeit ihrer Patienten anstecken.

Fast alle Kranken mit therapieresistenten depressiven Störungen haben vielfältige Erfahrungen mit Psychopharmaka. Meistens stehen die Patienten auch unter der Einwirkung mehrerer Substanzen, wenn sie einen anderen Arzt aufsuchen. Für diesen gilt es dann geduldig die Vorbehandlung zu analysieren, herauszufinden, welche Medikamente der Patient in welcher Dosierung und Kombination bekommen hat, welche wirksam waren und welche er überhaupt nicht eingenommen hat. Danach ist zu klären, ob die Medikation ganz oder teilweise fortgeführt wird. In vielen Fällen wird es sinnvoll sein, bei der Überwindung einer Therapieresistenz ganz von vorne zu beginnen und wie weiter oben beschrieben unter genauer Beobachtung mit der Standardmedikation anzufangen.

Mit viel Geduld und unter Ausschöpfen der medikamentösen und psychotherapeutischen Mittel wird man bei den allermeisten Kranken eine Verbesserung erreichen. Es gibt jedoch Patienten, die tatsächlich über Jahre hinweg therapieresistent bleiben. Aber auch bei ihnen darf man nicht aufgeben, sondern muß, wie der Tübinger Psychiater Hans Heimann einmal sagte, dann *eben nochmals von vorn beginnen ...*

4.2 Was haben Psychotherapeuten anzubieten?

Sie haben, insbesondere für psychogene Depressionen, eine Reihe von möglichen Maßnahmen entwickelt, die zwar allesamt (zumindest in Grenzen) wirksam sind, aber ganz individuell ausgewählt werden müssen. Hier gilt es dann, einen Zusammenhang zwischen der jeweiligen Therapieform, dem Therapeuten, den Rahmenbedingungen und dem Patienten herzustellen.

Es muß bei den psychogenen Depressionen fast immer davon ausgegangen werden, daß sie einen Verlauf nehmen, der kurvenmäßig dem Buchstaben V entspricht. D. h. man fällt mehr oder weniger schnell in ein Loch, bleibt dort einige Zeit, und danach geht es wieder langsam aufwärts (vgl. S. 43, Abbildung 1 a). Entsprechend diesem Verlauf der Depression haben auch ganz verschiedenartige therapeutische Verfahren in ganz bestimmten Bereichen ihre optimale Wirksamkeit.

Nach meinen eigenen Erfahrungen, die sich in vielen Bereichen mit anderen Ergebnissen decken[28], haben zu Beginn und am Ende eines typischen Verlaufs der Depression die gesprächspsychotherapeutisch orientierten Verfahren ihre besondere Bedeutung. Gegen Ende der Depression sehe ich auch die besonderen Hilfestellungen, die die Individualpsychologie oder andere tiefenpsychologisch orientierte Verfahren anbieten. Mit zunehmender Schwere der Depression gewinnen kognitive Therapien bzw. auch die Logotherapie an Bedeutung. Hier wird versucht, durch das Aufdecken von Sinnzusammenhängen und das Neustrukturieren des Denkens zu helfen. In der Nähe des „Loches" der Depression sind direktive bzw. verhaltenstherapeutisch orientierte Strukturierungen nach meinen Erfahrungen noch am ehesten hilfreich. Im „Loch" der Depression selbst kann nur schwer mit psychotherapeutischen Hilfsmitteln gearbeitet werden. Hier ist, je nach Ausmaß der Depression, auch bei psychogenen Depressionen über einen (kürzeren) Zeitraum hinweg mit Antidepressiva zu arbeiten.

Insgesamt gesehen wird auf dem gegenwärtigen Stand der Psychotherapieforschung deutlich, daß mit nur einer einzigen Psychotherapieform nur in Teilbereichen der Depression optimal geholfen werden kann. D. h. der ausschließliche Zugang zur Therapie psychogener Depressionen z. B. durch Psychoanalyse, Verhaltenstherapie oder Gesprächspsychotherapie ist bis heute nicht mehr akzeptabel. Moderne Psychotherapie muß deshalb in ihrer Ausbildung die Methodenpluralität lehren.

4.21 Kurzbeschreibung einiger Psychotherapieformen

Bei den *kognitiven Therapien* geht es darum, daß der depressive Mensch einzusehen lernt, daß sein Denken in die falsche Richtung geht. Oftmals befindet er sich in einem wahren Teufelskreis negativer Gedanken, die allein kaum mehr korrigiert werden können, ja sogar im Laufe der Zeit zu einem festen Bestandteil der Persönlichkeit geworden sind.

Durch gemeinsames Arbeiten erkennt der Patient, daß sein Selbstkonzept korrigiert werden kann. Seine Furcht vor der Zukunft wird dadurch, daß er neue Perspektiven sieht, abgebaut.

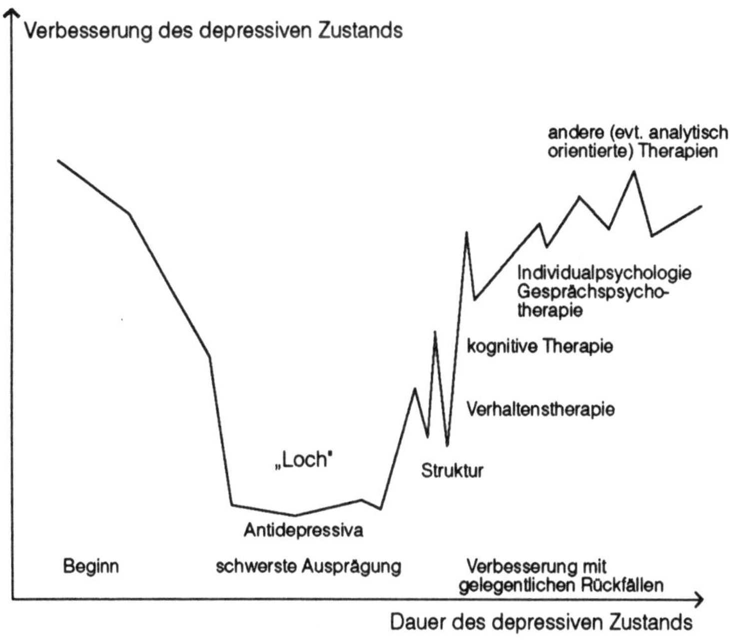

Abb. 1a:
Typischer Verlauf einer psychogenen Depression und die hierbei optimalen Psychotherapien

Wenn man den Menschen unserer Tage beobachtet, so leidet er nicht so sehr an „sexuellen Frustrationen", wie dies von S. Freud angenommen wurde, auch nicht schwerpunktmäßig an „Minderwertigkeitsgefühlen", wie von dem zweiten bedeutenden Vertreter der Wiener Schule der Psychotherapie, A. Adler, postuliert wurde, sondern eher an der Sinnlosigkeit des Lebens überhaupt, also einem „existentiellen Vakuum". Hier sucht dann beispielsweise V. Frankl, von der Sinn*leere* zu einer Sinn*lehre* zu kommen.

In der *Gesprächspsychotherapie* wird versucht, durch eine entsprechende Vorgehensweise des Therapeuten den Patienten so weit zu führen, daß er selbständig erkennt, in welche Richtung die neuen Strategien seines Lebensweges zu gehen haben. Das „verzerrte Selbstkonzept" (d. h. die Meinung über sich selbst) wird durch ein einfühlsames, echtes und wertschätzendes Verhalten des Therapeuten für den Patienten deutlich, und er findet im gemeinsamen Gespräch Wege zurück zu einer Normalisierung. C. R. Rogers, einer der Begründer, erklärt dies folgendermaßen:

> „... Ich meine, es ist im Leben sehr, sehr selten, daß uns jemand zuhört, uns wirklich versteht, ohne gleich zu urteilen. Wenn jemand so zuhört, ist das eine eindringliche Erfahrung.
> Manchmal sagen die Leute zu mir: ‚Ich wußte nicht, was ich tun sollte, ich hörte dem anderen bloß zu.' Zuhören an sich kann ein effektives Werkzeug sein ... es bedeutet, daß ich für die andere Person in ihrer Welt ein Gefährte werde.
> Ein weiteres Element ist die Akzeptanz, das Akzeptieren des anderen. Ohne diese Voraussetzung, glaube ich, wird die Beziehung zwischen Therapeut und Patient nicht nutzbringend sein. Bestenfalls ist damit kein Urteil verbunden. Sie akzeptieren die Person ... (ob sie nun) gut oder böse ist, egal was (sie) heute oder gestern getan hat. Es gibt eine Form der Anerkennung und des Interesses an anderen, die tiefer geht ...
>
> Beim dritten geht es um die Frage, ob der Therapeut ehrlich und aufrichtig ist, ob die innersten Gefühle des Therapeuten dem entsprechen, was er bewußt über die anderen weiß,

und ob sie mit dem übereinstimmen, was er sagt. Und ich meine, der Therapeut leistet optimale Arbeit, wenn diese Form der Übereinstimmung erzielt wird in bezug auf Erfahrungen, Bewußtsein und Sprache. Die Menschen sprechen alle gleichermaßen auf Offenheit und Echtheit an. Sie fühlen es, wenn man sie ohne Fassade behandelt, wenn man sich nicht unter einem weißen Arbeitskittel versteckt, wenn man wirklich für sie da ist . . ."[29]

Bei der *Verhaltenstherapie* geht es darum, daß manche Depressionen durch entsprechende Verstärkung *erlernt* worden sind. Was man gelernt hat, kann jedoch auch wieder verlernt werden, und so ist es eine der Hauptaufgaben einer solchen Therapie, die genauen Umstände, die das depressive Verhalten ermöglicht haben, zu erkunden (z. B. bei einer „Erschöpfungsdepression").

Wenn ein Mensch wiederholt in einer bestimmten Umgebung, mit bestimmten Menschen oder auch Sachen, eine unangenehme Erfahrung gemacht, Angstzustände erlebt hat oder depressiv geworden ist, dann ist es wahrscheinlich, daß sich diese Zustände immer dann, wenn es erneut zu einer solchen Begegnung kommt, wiederholen – selbst wenn das erstmalig zur Angst führende Phänomen gar nicht mehr vorhanden ist:

Der Angst- oder Depressionszustand wurde erlernt (konditioniert).

Nun ist es möglich, durch eine besondere Strategie diesen Zustand wieder zu verlernen. Hierzu dienen die Erkenntnisse der Lernpsychologie (z. B. Lernen durch Verstärkung, Lernen durch Imitation und Lernen durch Einsicht).

Beim nachfolgenden Beispiel zum „krankhaften Grübeln" werden solche Lernprozesse eingesetzt und ein auf verhaltenstherapeutischem Hintergrund aufgebautes Programm erstellt, das den Zustand des Grübelns zu erfassen und zu kanalisieren sucht.

Eine zusätzliche Hilfe ist dabei das Vorgehen im Sinne einer „paradoxen Intention", das darauf aufbaut, daß man die Ängste vor dem Versagen dadurch verhindern kann, daß man sich genau das wünscht, wovor man sich so krankhaft fürchtet.

- Grübeln, weinen, depressives Verhalten ist prinzipiell erlaubt, ja muß sogar sein – aber nicht den ganzen Tag.

- Für jeden Tag soll eine halbe Stunde angesetzt werden, in der man grübeln und weinen darf. Dabei sollen Zeit und Ort gleich bleiben.
- Den ganzen Tag über sollen die Gedanken überprüft – und bereits die ersten Ansätze des Grübelns entdeckt werden.
- Wann immer die grüblerischen Gedanken auftauchen, sollen diese aufgeschoben werden – bis zu der halben Stunde, die dafür vorgesehen ist.
- Störende, grüblerische Gedanken können immer dann besser weggeschoben werden, wenn man eine Aufgabe hat, eine sinnvolle Tätigkeit ausübt.
- Wenn nach einiger Zeit die halbe Stunde zu lang zum Grübeln und Weinen ist, dann sollte man sich in der verbleibenden Zeit Gedanken über positive und vor allem realisierbare Aufgaben und Problemlösungen machen.

Ziel eines solchen scheinbar paradoxen Programmes ist es, das depressive Verhalten zu isolieren und im Laufe der Zeit nur noch in Verbindung mit bestimmten Rahmenbedingungen zu sehen. Damit ist dann nicht mehr der ganze Tag „trostlos", sondern nur noch die halbe Stunde im bestimmten Raum.

Eine wissenschaftliche Untersuchung zeigte, daß durch dieses einfache Vorgehen die „Grübelzeiten" depressiver Patienten um ein Drittel zurückgingen.[30] Sicherlich ist der mit einer solchen „behavioristischen Vorgehensweise" erzielte Erfolg nicht allzu groß – aber immerhin deutlich nachweisbar.

Die *Individualpsychologie* vertritt mit ihrem ganzheitlichen Ansatz die Meinung, daß die menschlichen Strebungen von ihrem Ziel her bestimmt sind: „Lebensziel prägt Lebensstil". So wird es dann wichtig, durch eine Lebensstilanalyse diese Ziele, die zum Großteil in der frühen Kindheit geprägt wurden, herauszufinden.

Im Unterschied zur Psychoanalyse sind die entscheidenden Triebe des Menschen nicht auf dem Gebiet der Sexualität (Libido) anzusiedeln. In der Individualpsychologie kennt man drei grundlegende Strebungen: Überlegenheit, Gemeinschaft und Aktivität. Von diesem Blickwinkel her lassen sich eine ganze Fülle von menschlichen Verhaltensweisen erklären, z. B. sein

Streben nach Macht und Erfolg, der Wunsch aus Mangellagen herauszukommen, die Suche nach Gemeinschaft mit anderen Menschen oder die Aktivität, immer wieder neu zu beginnen.

Im Rahmen der Lebensstilanalyse wird u. a. erforscht, welche Anteile des kleinen Kindes nicht angemessen entfaltet sind, wie diese einen Beitrag für die nützlichen Seiten des Lebens bringen können und wie dann eine neue Sinnfindung möglich wird. Hierzu gehört auch, daß der „Mut zur Unvollkommenheit" entwickelt wird – eine wichtige Voraussetzung zur Selbstannahme vieler depressiver Menschen[30a].

Die Grundannahme der *Logotherapie* ist, daß nicht sexuelle Frustration und auch nicht seine Minderwertigkeit, sondern die Sinnlosigkeit das Problem des Menschen unserer Tage ist. Diese Sinnlosigkeit führt zu einem existentiellen Vakuum. 20 % der Neurosen sind dadurch erklärbar. Ziel der Logotherapie ist es vor diesem Hintergrund, aus der Sinn*leere* eine Sinn*lehre* zu machen.

Da die Logotherapeuten ihren Ansatz unabhängig von Alter, Geschlecht, sozialem Status und Religionszugehörigkeit sehen wollen, werden relativ allgemeine Kategorien zur Sinnfindung vorgeschlagen: Schöpferische Werte, Erlebniswerte und Einstellungswerte. In der Praxis läßt sich eine Abtrennung religiöser Werte kaum durchhalten. Dies hat u. a. auch dazu geführt, daß die Logotherapie von vielen Theologen als relativ verwandt zu ihrer Disziplin gesehen und deshalb gerne eingesetzt wird.

Für den therapeutischen Ansatz ist neben der Sinnfindung auch noch die sogenannte „paradoxe Intention" wichtig. Hierbei geht es darum, der Angst den Wind aus den Segeln zu nehmen bzw. sie zu belächeln. Für depressive Menschen könnte dies bedeuten, daß sie lernen, von sich wegzusehen, aus dem „Turm ihrer Depression hinauszulangen" usw.[30b]

Die *Psychoanalyse* schließlich geht davon aus, daß es Erlebnisse im Leben des depressiven Menschen gibt (zumeist in früher Kindheit und oftmals mit sexueller Tönung), die nicht angemessen verarbeitet wurden und sich als Spätschaden bis ins höhere Alter zeigen.

Bei der Psychoanalyse muß allerdings darauf hingewiesen werden, daß die dort gelehrten Gesetzmäßigkeiten bzw. Kausalitäten zwischen traumatischen Erlebnissen in früher Kindheit und entsprechenden Folgen empirisch-wissenschaftlich[31] nicht hinreichend bestätigt worden sind.

Problematisch ist insbesondere die Entwicklungslehre der Psychoanalyse, die davon ausgeht, daß eine Reihe psychosexueller Stufen aufeinander aufbauen und es in jeder Stufe zu typischen Störungen kommen kann, die sich dann im Erwachsenenalter bemerkbar machen: Babys, die zu früh abgestillt werden, übertriebene Sauberkeitserziehung der Kleinkinder, unbewältigtes Liebesverlangen nach dem gegengeschlechtlichen Elternteil usw. Dies soll – so Freud – zu feindseligen Einstellungen, eigensinnigem Verhalten, übertriebener Sparsamkeit, Hysterie und sexuellen Perversionen führen.

Keiner dieser Zusammenhänge konnte allerdings auf empirischem Wege im Sinne einer eindimensionalen Korrelation bestätigt werden, so daß heute mit großer Sicherheit davon ausgegangen werden kann, daß ein ganzes Ursachenbündel zum genannten Verhalten führt.

Dies bedeutet jedoch nicht, daß die Vergangenheit unwichtig wäre, sondern daß von einer frühkindlichen Ursache in der Regel nicht zwingend auf eine spätere Depression geschlossen werden darf.

4.22 Zum ideologischen Überbau psychotherapeutischer Verfahren

Kritischer und abgesetzt von den Methoden („dem Handwerkszeug") der verschiedenen Formen der Psychotherapie ist deren ideologischer Hintergrund zu sehen. So stellt beispielsweise Rogers als einer der führenden Vertreter der Gesprächspsychotherapie seinen humanistischen (und damit bibelfremden) Ansatz folgendermaßen dar:

> „Die Kirche, unsere Regierung und unsere Erziehung gehen alle von der Auffassung aus, daß man dem Menschen nicht trauen kann. Er muß kontrolliert, gelenkt und angeleitet werden. Es wäre gefährlich, dem Individuum wirkliche Freiheit zu gewähren. Gemäß meiner Erfahrung jedoch ... erkannte ich: Je mehr ich dem Einzelnen dazu verhalf, offen zu sein, je mehr Unabhängigkeit, je mehr Wahlfreiheit er hatte, desto mehr Beweise gab es dafür, daß der Mensch im

Grunde seines Wesens sozial und konstruktiv ist. Deshalb betrachte ich Therapie und Gruppenprozeß auch als einen Weg, die schöpferischen Anlagen, den Wunsch zur Selbstverwirklichung zu fördern, der jedem Individuum angeboren ist.

Die Leute sagen: ‚Ja, aber wie steht es mit all dem Bösen auf der Welt?' Ja, es gibt viel Böses auf der Welt und viele unglaublich brutale, schreckliche Handlungen, aber ich gehöre nicht zu denen, die glauben, daß das dem Menschen angeboren sei. Ich glaube nicht, daß der Mensch als Sünder geboren wird. Ich glaube, daß immer das Bestreben zur konstruktiven Selbstverwirklichung besteht. Das kann allerdings durch gesellschaftliche Faktoren und Umstände schrecklich irregeleitet werden... Es gibt alle Arten des Bösen auf der Welt. Aber ich habe die Erfahrung gemacht, daß dies nicht dem eigentlichen Wesen des Menschen entspricht. Ich finde, daß die menschliche Natur grundsätzlich positiv und konstruktiv ist."[33]

Auch V. Frankl legitimiert seine „Logotherapie" als eine humanistische Psychotherapie, indem er sagt, daß

„...in einer Zeit, in der... das Sinnlosigkeitsgefühl so dominant ist, es ja nicht möglich ist, dieses Sinnlosigkeitsgefühl überhaupt zu verstehen, geschweige denn, es zu behandeln, wenn Sie nicht im Menschen von vorneherein auf Grund des Menschenbildes Ihrer Psychotherapie ein Wesen sehen, das motiviert ist durch die Suche nach dem Sinn. Und wir glauben eben und halten dafür, daß der Wille zum Sinn ein Humanissimum ist, das wesentlichste am Menschen. Mehr als das. Der Wille zum Sinn ist eigentlich letzten Endes nur ein Aspekt eines viel umfassenderen menschlichen Phänomens, das ich als Selbsttranszendenz der Existenz bezeichne... Menschsein (i. S. dieser Selbsttranszendenz, d. V.) heißt immer Hinauslangen nach etwas, das nicht wieder es selbst ist: nach etwas oder jemandem. Das heißt, es liegt im Wesen des Menschen, daß er ganz Mensch und auch ganz er selbst wird, daß er sich ganz selbst verwirklicht nur und erst in dem Maße, in dem er sich hingibt an eine Sache, die größer ist als er... das heißt, im Dienst an einer Sache oder in der Liebe zu einer Person werde ich ganz Mensch und verwirkliche ich mich ganz selbst ..."[34]

Auch die ideologischen Hintergründe der anderen großen Psychotherapien sind nicht an der biblischen Anthropologie orientiert. So das Weltbild der klassischen Psychoanalyse, bei dem der Mensch, im Sinne eines psychodynamischen Systems, ein Wesen ist, das seine Bedürfnisse befriedigt, um seinen inneren Gleichgewichtszustand (Homöostase) zu behalten oder wieder zu erreichen. Oder das der klassischen Verhaltenstherapie zugrundeliegende Schema des Behaviorismus, bei dem der Mensch auf Reize reagiert und damit das ganze Leben aus einer Vielzahl von Verstärkersituationen zusammengesetzt ist.

Interessant sind jedoch die Aussagen V. Frankls von den Grenzen seiner Psychotherapie zur Religion, die m. E. auch einen Ansatz für die nachfolgend beschriebene „biblisch-therapeutische Seelsorge" darstellen können:

„... Die (Grenzen) sind scharf, und zwar aus dem einfachen Grund, weil es sich um dimensionale Differenzen handelt, um ganz verschiedene, grundverschiedene Dimensionen, was man bereits sieht an der Zielsetzung. Die Zielsetzung der Religion ist das Seelenheil. Das Ziel der Psychotherapie ist nicht das Seelenheil, sondern seelische Heilung. Das ist grundverschieden ... (ich muß) danach schauen und sehen, daß die Logotherapie handhabbar bleibt in den Händen jedes Arztes oder jedes Therapeuten, des religiös orientierten genauso wie des agnostischen, und anwendbar bleibt auf jeden Patienten oder Klienten, auf den religiösen und gläubigen genauso wie auf den Atheisten ..."[35]

4.3 Erziehung und Depression

Bei der Beschreibung der menschlichen Persönlichkeit wird u. a. auch untersucht, inwieweit diese ihre Meinungen selbst entwickeln und realisieren oder ob sie sich eher von anderen kontrollieren und damit auch bestimmen lassen. Bei den Forschungsarbeiten zu den sogenannten „externen oder internen

Kontrollüberzeugungen"[39a] wurde bestätigt, daß diese Persönlichkeitsvariable überwiegend durch Erziehung erworben wurde. Sie ist zudem sehr stabil gegenüber Veränderungen und hat einen wesentlichen Einfluß auf die Art und Weise der Lebensführung.

An einem praktischen Beispiel soll das Denken und Verhalten einer extern kontrollierten Frau gezeigt werden.

> Frau Meier hat schon in jungen Jahren gelernt, daß sie alleine nicht zurechtkommt. Die Eltern haben ihr alle Schwierigkeiten abgenommen und zwar derart, daß sie dies gar nicht merkte. Unabhängig davon, ob sie mehr oder weniger fleißig war, bekam sie ihr Taschengeld, unabhängig von ihren Schulleistungen waren ihre Noten immer gleichmäßig gut. Recht früh lernte sie, daß alles, was im Leben passiert, eigentlich „von unsichtbaren Mächten" gesteuert ist, bei denen man ja ohnehin nichts ausrichten kann, daß die Aktivität keine Wirkung zeigt.
>
> Niemand konnte sich vorstellen, daß ein derartig „braves" Mädchen depressiv werden könnte. Aber mit 20 Jahren kam sie in die biblisch-therapeutische Seelsorge. „Ich fühle mich so leer, so trostlos, so ganz ohne Initiative", klagte sie und berichtete dazuhin von den großen Schwierigkeiten mit den Patienten in ihrem Beruf als Arzthelferin und den Beziehungsschwierigkeiten zu jungen Männern in ihrem Jugendkreis.
>
> Bei der Erarbeitung ihres Lebensstils zeigte sich, daß auch nach ihrer klaren Entscheidung für ein Leben in der Nachfolge Jesu Christi kaum eine Änderung ihres Gesamtzustandes eingetreten war. Auf die Frage nach ihrer Lebensdynamik erzählte sie, daß sie sich jeden Tag aufs neue von ihrem Herrn führen lassen wolle. Ganz wichtig war ihr dabei, „daß ich ja keine eigenen Wege gehe".
>
> Obwohl diese Sätze theologisch durchaus korrekt sind, mußte daran gearbeitet werden. Frau Meier lernte umzudenken, zu verstehen und auch praktisch zu realisieren, daß es neben der externen Kontrollüberzeugung, mit der sie aufgezogen worden war und die durch die Art der Verkündigung in ihrem Jugendkreis immer wieder bestätigt wurde, auch andere Dimensionen gibt. Daß man zu einem gesun-

den Glaubensleben auch eigenverantwortliche Elemente braucht und daß eine extrem externe Kontrollüberzeugung zur Depression führen kann.

Aber auch intern kontrollierte Menschen sind in der Gefahr depressiv zu werden.

Herr Abele, ein Geschäftsmann im Alter von 38 Jahren, kommt mit schweren Depressionen in die biblisch-therapeutische Seelsorge. Seine Lebensgeschichte zeigt, daß er als ältester Sohn eines Bauunternehmers schon von Kind an in die Geschäfte der Firma mithineingenommen wurde. „Hilf dir selbst, dann hilft dir Gott", ist eine Maxime seines Vaters, und dieser Spruch steht auch eingerahmt auf seinem Schreibtisch. Als kleines Kind wird Herrn Abele schon beigebracht, daß man mit dem nötigen Willen und mit Zähigkeit und Ausdauer auch etwas erreichen kann. „Mit Geld ist alles zu machen", ist eine andere Erfahrung, die der Vater dem jungen Mann beibringt. Und tatsächlich setzt dieser auch durch, daß er durch teure Nachhilfe in der Schule eine Klasse überspringen kann, sportliche Erfolge erzielt und früh in den väterlichen Betrieb eintritt. Eine erfolgreiche Karriere liegt vor Herrn Abele. Sie erfährt einen jähen Knick, als er eines Tages körperliche Unregelmäßigkeiten entdeckt und der Neurologe eine beginnende Multiple Sklerose diagnostiziert.
Daß man dagegen nur sehr wenig machen kann, daß ein späteres Rollstuhldasein durchaus möglich ist, führt Herrn Abele zuerst in allergrößte Wut und dann in tiefe Resignation und Depression. Bisher konnte er mit seiner internen Kontrollüberzeugung alle Schwierigkeiten bewältigen, jetzt plötzlich nicht mehr.
In vielen Gesprächen, die immer wieder große Geduld erfordern, lernt Herr Abele ein Stück seines erlernten Wesens abzugeben, Gott zu vertrauen, zu verstehen, daß er keinen Fehler macht, daß auch ein Leben in der körperlichen Schwachheit Sinn haben kann.

Ähnlich den Kontrollüberzeugungen ist auch das Konzept der „erlernten Hilflosigkeit"[39b], das versucht, psychogene Depressionen durch entsprechende Erziehungsmuster zu erklären. Seligman geht davon aus, daß Menschen immer einen Zusammenhang zwischen dem, was sie tun und den dadurch entstehenden Folgen herstellen möchten. Wenn die Folgen des Tuns durch das Handeln nicht beeinflußt werden können, ist man hilflos. Tritt eine derartige Erfahrung in der Kindheit häufig auf oder ist sie gar Erziehungsprinzip der Eltern oder Lehrer, führt dies dazu, daß diese Menschen auch künftig keinen Einfluß auf die Konsequenzen ihres Handelns sehen, d. h. die Hilflosigkeit wurde erlernt. Sehr schnell entwickeln sich vor dem Hintergrund einer solchen Erziehung dann feste Überzeugungen aus, etwa in dem Sinne, daß die Welt schwierig und ungerecht ist, daß man nichts beeinflussen kann und eben alles seinen Gang geht ... Der Weg zu Depressionen ist dann sehr kurz.

Wenn Christen mit depressiven Verstimmungen in die Seelsorge kommen, sollte die Abklärung einer erlernten Hilflosigkeit bzw. die Art der Kontrollüberzeugung vorgenommen werden. Beide Extreme müssen deshalb dem Seelsorger bekannt sein.

Auf der einen Seite steht der depressive Christ mit einer ausgeprägten externen Kontrollüberzeugung (Frau Meier in unserem Fallbeispiel). In den Bibelstunden und Gottesdiensten hört sie immer nur denjenigen Anteil der Verkündigung, der zu ihrer Überzeugung paßt (vielleicht hat sie sich aber auch eine Gemeinde gesucht, in der überwiegend entsprechend verkündigt wird): „Du mußt dich ganz in die Hände deines Herrn und Heilandes fallen lassen und gar nichts Eigenes tun."

Jedoch kann, wie wir im Fallbeispiel von Herrn Abele sehen, auch das andere Extrem zu Depressionen führen. Christen, die von ihren Fähigkeiten überzeugt sind, mutig und selbstbewußt ihren Weg gehen, Erfolge aufweisen usw., entdecken plötzlich ihre Grenzen. Sie merken, es ist doch nicht alles machbar.

In der Bibel finden wir beide Kontrollüberzeugungen in einem ausgewogenen Verhältnis. Und diese Ausgewogenheit ist auch das Erziehungsziel, um spätere Depressionen zu verhindern: Ein mittleres Ausmaß an Hilflosigkeit, an externer bzw. interner Kontrollüberzeugung. Das Bibelwort „bittet, so wird euch gegeben; suchet, so werdet ihr finden; klopfet an, so wird euch aufgetan" (Matt.7,7) enthält alle Übergänge. Auf der einen Seite das Bitten, das im Sinne der Abhängigkeit einer externen Kontrollüberzeugung bzw. deutlichen Hilflosigkeit entspricht, das Suchen, das bereits eigene Aktivität verlangt, und das Anklopfen, das zum systematischen, vom Gebet begleiteten Tun auffordert und daher eher einer internen Kontrollüberzeugung und einem kleineren Ausmaß an Hilflosigkeit entspricht.

Auch Paulus stellt die beiden Kontrollüberzeugungen gemeinsam dar, wenn er schreibt: „Also, meine Lieben, wie ihr allezeit gehorsam gewesen seid, nicht allein in meiner Gegenwart, sondern jetzt noch viel mehr in meiner Abwesenheit, – schaffet, daß ihr selig werdet, mit Furcht und Zittern. Denn Gott ist's, der in euch wirkt beides, das Wollen und das Vollbringen, nach seinem Wohlgefallen" (Philipper 2,12).

In der biblisch-therapeutischen Seelsorge wird, nachdem diagnostiziert wurde, welche Kontrollüberzeugung der Ratsuchende zeigt, z. B. mit den Methoden der kognitiven Therapie ausgeglichen. So kann einem depressiven Christen, bei dem eine starke externe Kontrollüberzeugung festgestellt wurde, klargemacht werden, daß er sich aufmachen darf (bzw. muß), um etwas zu unternehmen: Daß er, zusammen mit seinem Herrn über Mauern springen kann. Sein Motto darf sein: „Ich gehe – und vertraue darauf: Der Herr geht mit." Für ihn ist dann auch wichtig mit Paul Gerhardt zu singen: „Geh aus mein Herz und *suche Freud . . .*", bzw. ganz allgemein weniger das englische Liedgut und mehr die mutmachenden Liedverse Paul Gerhardts zu verinnerlichen.

Ist die Depression eher vor dem Hintergrund einer internen Kontrollüberzeugung entstanden, müssen auch diese Christen umdenken lernen. Zu begreifen, daß Beter Wundervollbringer sind, daß unser Herr gerade da stark ist, wo wir schwach sind. Ihr Liedvers könnte dann lauten: „Weiß ich den Weg auch nicht, du weißt ihn wohl – das macht die Seele still und friedevoll . . ."

5. Biblische Hilfestellungen

5.1 Psychotherapie und Seelsorge

Immer wieder wird von theologischer Seite gegen medizinische und mehr noch gegen psychotherapeutische Hilfestellungen bei Seelsorgefällen polemisiert – nach meinen Einschätzungen wesentlich radikaler und endgültiger als umgekehrt, wo doch, wie weiter oben nachgewiesen, zumindest eine gewisse Akzeptanz festgestellt werden konnte. In manchen christlichen Kreisen ist es durchaus an der Tagesordnung, die ganze Psychotherapie als „satanisch“ oder „okkult“ abzustempeln.

Standardfragen lauten dann immer wieder: „Wird man denn in der Psychotherapie nicht zu sexueller Freizügigkeit angeleitet?“, oder: „Werden hier nicht Meditations- und Entspannungstechniken im Sinne des ‚autogenen Trainings‘ oder von ‚Yoga‘ durchgeführt?“ Häufig hört man auch, „daß einem der Glaube genommen“ würde oder daß man sich unter Hypnose „an fremde Mächte verschreiben“ könnte.

In der Tat gibt es unter den Psychotherapeuten auch Männer und Frauen, die okkulte Praktiken ausüben – aber dies findet man auch in vielen anderen Berufen. Und es ist auch richtig, daß in vielen Fällen Therapeuten sog. „ekklesiogene Neurosen“ diagnostiziert haben, d. h. z. B. Depressionen, die im Umfeld der Gemeinde entstanden sind. Sie haben – und das ist das eigentliche Problem – in Unkenntnis der persönlichen Glaubensbeziehung des Patienten zu Jesus Christus dann ein falsches Therapiekonzept entworfen. Wenn irgend möglich, sollten deshalb Christen, die unter psychogenen (exogenen) Depressionen leiden, von Psychotherapeuten behandelt werden, die ihren Glauben achten und zu verstehen suchen, welche lebensumspannende und damit ganzheitliche Dimension er für sie hat. Am einfachsten ist die Behandlung natürlich, wenn die Psychotherapeuten für sich selbst erfahren haben, was es bedeutet, „in Christus eine neue Kreatur zu sein“, daß „Neues geworden ist“ (2. Kor. 5,17).

Bei endogenen Depressionen überwiegt, wie weiter vorne

schon beschrieben, in der Regel der medikamentös orientierte Therapieansatz.Deshalb ist hier auch nicht die geistliche Orientierung, sondern die ärztlich fachliche Kompetenz vordergründig zu sehen.

Es gilt auch m. E. in diesem Zusammenhang anzumerken, daß unter biblischem Blickwinkel körperliche Gesundheit nicht das höchste Gut ist. Hat nicht Paulus dreimal um Heilung gebeten und als Antwort erhalten: „Laß dir an meiner Gnade genügen, denn meine Kraft ist in deiner Schwachheit mächtig"!? Gott kann es sich leisten, auch mit kranken – und in unserem Falle mit depressiven – Menschen sein Reich zu bauen. Vielleicht klingt dies für manchen überspitzt, aber ich möchte auf diesem Hintergrund die Aussage wagen, daß ein unter immer wiederkehrenden Depressionen geführtes Leben mit Jesus Christus der bessere Weg ist als ein mit unbiblischen Praktiken gesund gewordenes. Jedoch gibt es zwischen diesen beiden Polen eine Reihe von Lebenswegen und -situationen, die eine gediegene Psychotherapie keinesfalls ausschließen.

Häufig wird es richtig sein, wenn Seelsorger, Psychotherapeuten und Ärzte zusammenarbeiten. Bei Aussagen von maßgeblichen Gemeindegliedern etwa in dem Sinne: „Als Christen halten wir daran fest, daß Christus sowohl für unser Heil als auch für unsere Heilung ausreicht", oder „wir brauchen nicht irgendeine psychologische Behandlung, um glücklich und zufrieden zu sein, was nottut, ist Lehre ..."[36] wird allerdings eine solche Zusammenarbeit erschwert – häufig zu Lasten des depressiven Patienten. Gern stimmen wir ja in diese Worte ein, und es ist wahr, daß Christus heilen kann (auch die Depressionen). Er hat, als er auf der Erde weilte, Wunder getan – und tut sie heute noch. Auch ist es richtig, daß biblische Lehre wichtiger ist als irgendeine psychotherapeutische Behandlung. Aber was ist zu tun, wenn Christus den depressiven Menschen nicht gesund macht und wenn Christen – trotz „allerbester" Lehre – eben dennoch depressiv sind, werden oder bleiben? Wenn sie gar die Lehre (und das können auch fromme Ermahnungen von Seelsorgern sein) im Loch ihrer Depression nicht mehr aufnehmen können? Stehen sie wirklich glaubensmäßig nicht richtig, wie so häufig vermutet wird?

Warum machen wir uns die Sache so schwer? Depressive Menschen sind krank, und so, wie es in der Medizin hilfreiche

Medikamente für den Körper gibt, die wir als Geschenk Gottes entgegennehmen dürfen, gibt es auch hilfreiche Verfahren aus der Psychotherapie, die bei einem gestörten Verhalten oder der Therapie der „kranken Seele“ mit Erfolg benützt werden können; Verfahren, für die es zu danken gilt und die man ohne geistlichen Skrupel anwenden kann.

Untersuchen wir die verschiedenen therapeutischen Maßnahmen unter dem Blickwinkel der göttlichen Schöpfung, so lassen sich in der Bibel die Grundlagen aller großen psychotherapeutischen Schulen leicht nachweisen: Gott hat uns geschaffen, damit wir *lernen* können (Verhaltenstherapie), damit wir *denken und erkennen* können (kognitive Therapie), daß wir auf eine *einfühlsame Behandlung* durch vermehrte Offenheit reagieren (Gesprächspsychotherapie), daß wir Sehnsucht nach einer *geklärten Vergangenheit* und einer *gewissen Zukunft* haben (Psychoanalyse und Logotherapie).

Die anthropologischen Grundlagen der heute so bekannten psychotherapeutischen Schulrichtungen sind also keinesfalls neu. Sie gehören zum biblischen Menschenbild, und auch der größte Seelsorger aller Zeiten, Jesus Christus, hat auf diesem Hintergrund gewirkt.

Wir dürfen demzufolge als Christen einen großen Teil der praktischen Vorgehensweisen (nicht die ideologischen Hintergründe!) der Psychotherapie ohne Skrupel übernehmen. Und dies besonders deshalb, weil sie einerseits tatsächlich biblischer Herkunft sind und andererseits ohne Schwierigkeiten gezeigt werden kann, daß die „Erfinder“ der säkularen Therapieformen in aller Regel erst lange nach praktischem Gebrauch und Erfolg der Methoden ihren ideologischen Überbau konzipiert haben. Konsequenz dieser Erkenntnisse ist, daß es wirksame Verfahren gibt, die einen psychotherapeutischen Prozeß einleiten und die nicht zwingend im Zusammenhang mit dem ideologischen Überbau zu sehen sind. Kürzer ausgedrückt: Die Ideologie ist nicht konstituierend für Methode und Erfolg in der Psychotherapie.[37]

5.2 Heilung und Sündenvergebung

Vor jeder therapeutischen Methode geht es um die „Heilung" des gestörten Zustandes mit Gott. Er hat den Heiland, seinen Sohn Jesus Christus, in die Welt gesandt, um die Sündenschuld, die zwischen Gott und den Menschen stand, wegzunehmen. Durch sein stellvertretendes Leiden am Kreuz von Golgatha können Menschen heil werden. Wer in die am Kreuz durchbohrten Hände einschlägt und Christus sein Leben ganz hingibt, darf mit froher Gewißheit sagen: „Es ist in keinem andern Heil ... als in dem Namen Jesus" (Apg. 4,12).

Die Aufnahme einer solchen Verbindung zu Gott über seinen Sohn Jesus Christus bedeutet einen großen Schritt zur Heilung von (insbesondere der psychogenen) Depressionen. Daß dies nicht nur eine individuelle Erfahrungstatsache ist, wurde ja weiter oben ausgeführt, wo von der Weltgesundheitsorganisation der „Verlust an religiösen Bindungen" als eine der auf empirischem Wege gefundenen Hauptursachen exogener Depressionen beschrieben werden konnte.

Die Begegnung mit Jesus Christus liefert allerdings kein Freirezept für körperliche und seelische Gesundheit. Davon steht nichts in der Bibel. Wir können dort jedoch lesen, daß die Kranken *aufgerichtet* werden (Jak. 5,15), eine neue Sinnbeziehung zu ihrem Leid finden und auch Zukunftsperspektiven – trotz ihrer Krankheit – sehen lernen.

Daß eine geheilte Beziehung zu Gott bei einem ganzheitlichen Verständnis der Persönlichkeit Rückwirkungen auf das Denken, Fühlen und Handeln hat, braucht hier nur nochmals angemerkt werden.

Dies muß aber – wie gesagt – nicht heißen, daß zwingend eine Heilung der Depressionen eintritt. Wer so etwas verkündigt, bezichtigt die vielen betroffenen Christen des mangelnden Glaubens und führt sie womöglich in noch tiefere Depressionen hinein. Ob er dies vor Gott verantworten kann?

Das „Macht euch die Erde untertan" heißt für mich, die Erkenntnisse der Wissenschaften (und damit auch der empirischen Sozialwissenschaften) beim Umgang mit depressiven Menschen einzusetzen und zu versuchen, diese Krankheit zu lindern. Eine optimale Verbindung von Psychotherapie und biblischer Lehre führt dann zu einer „biblisch-therapeutischen Seelsorge".

5.3 Biblisch-therapeutische Seelsorge

Das griechische Wort „therapeia" meint in seinem ursprünglichen Sinn „dienen" und „behandeln" und entspricht damit genau jener Haltung, die von einem Mitarbeiter in Psychotherapie und Seelsorge erwartet werden muß: In ständiger Abhängigkeit von Gott, gegründet auf die Bibel und ausgerüstet mit „handwerklichen" Fertigkeiten dient und behandelt er depressive Christen.

Die Maßstäbe der Bibel sind dabei oberste Norm und Leitlinie. Im Gegensatz zur Pluralität der „handwerklichen" Methoden aus der Psychotherapie, die sich bei jedem Einzelfall ändern können, gibt es hier nur *eine* Wahrheit.

Das Zusammenklammern von Norm und Methode, also biblischer Lehre und therapeutischem „Handwerkszeug", unter der Leitung des Heiligen Geistes ist damit das grundlegende Konzept der biblisch-therapeutischen Seelsorge.

5.4 Welche Qualitäten braucht man zum Umgang mit depressiven Christen?

Immer wieder erlebt man, daß „Seelsorger" depressive Christen zu „mehr beten" oder „mehr vertrauen" aufrufen, daß sie nach einem „zu wenig an Glauben" forschen usw. und damit zeigen, daß sie den depressiven Menschen nicht verstehen, d. h. von ihrem eigenen Denk- und Erfahrungshorizont ausgehen und diesen dann auf ihre Seelsorgefälle übertragen. Um zu einem besseren Verständnis zu kommen, wäre es auf diesem Hintergrund hilfreich, wenn der Seelsorger eine ähnliche Persönlichkeitsstruktur wie der in die Seelsorge Kommende hätte bzw. sich aufmachte, dessen Struktur zu erkennen.

Wie sieht nun die Persönlichkeitsstruktur des depressiven Menschen aus? Neben den weiter oben beschriebenen Merkmalen, die eher qualitativer Art waren, gibt es seit einigen Jahren „Meßverfahren", die überwiegend durch Fragebogenantworten zu einer quantitativen Zuordnung führen können. So hat Eysenck aus einer großen Zahl von beobachteten und gemessenen Verhaltensweisen mit einer Faktorenanalyse zwei voneinander unabhängige Persönlichkeitsdimensionen ermittelt, die in einem Koordinatensystem dargestellt werden können.[38] Abbildung 2 zeigt diese Darstellung: Die senkrechte Achse gibt Aufschluß über die *Stabilität der Gefühlslage (Emotionalität)*, die waagerechte Achse über das *Ausmaß des „Aus-sich-Herausgehens" (Extraversion)*. Wichtig ist bei dieser Darstellung, daß keine Wertungen vorgenommen werden (also nicht „labiler" gleich „schlechter" gesetzt wird), sondern durch die jeweiligen Pole nur ausgesagt werden soll, daß sich dort ein sehr kleiner Anteil der Gesamtbevölkerung befindet und die meisten Menschen eher in der Mitte, also zwischen den beiden Polen, vorzufinden sind (vgl. Abb. 2).

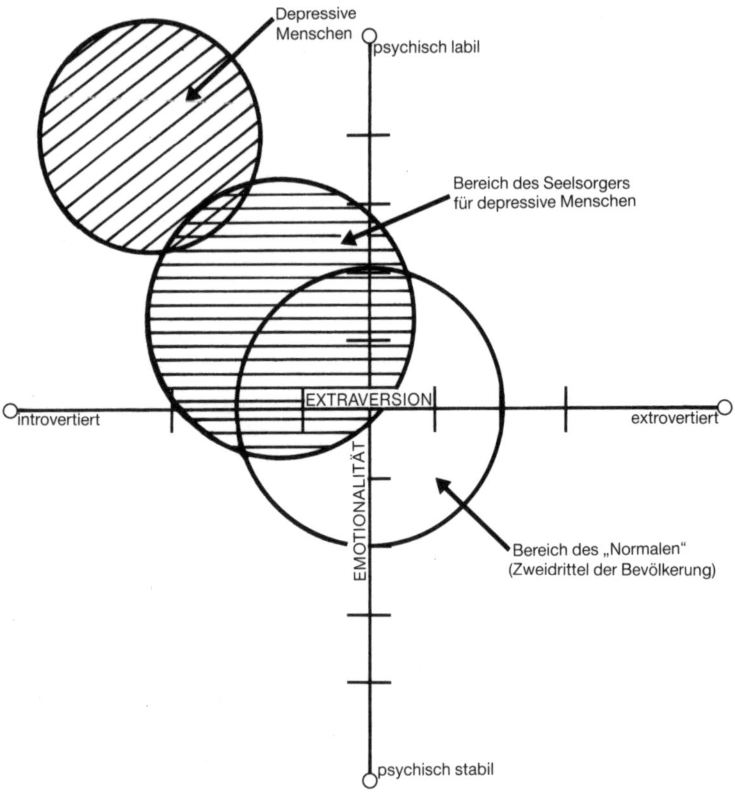

Abb. 2: Zuordnung der Persönlichkeitsstruktur

Die jeweiligen Extremlagen können folgendermaßen beschrieben werden:

Menschen mit *hohen Werten der Introversion* (also im linken Teil der Skala angesiedelt) sind zuverlässig und gewissenhaft, wenig mitteilungsfreudig, verschlossen, wenig gesellig, nach innen gekehrt. Sie orientieren sich an hohen moralischen Werten und haben ein strenges Gewissen. Die Grundeinstellung ist eher mißtrauisch und pessimistisch.

Der deutlich *Extrovertierte* (rechter Teil der Skala) zeigt ein hohes Maß an Geselligkeit, das Bedürfnis nach anregender Gesellschaft und Abwechslung, Optimismus, Entscheidungsfreude, Neigung zu starken Emotionen und Ungeduld.

Emotional eher schwankende Menschen (oberer Teil der Skala) sind häufig nervös, oftmals auch unausgeglichen und mutlos. Sie lassen sich jedoch leicht motivieren und begeistern, sind gefühlsreich und intensiv zu aktivieren. Wegen ihrer blühenden Phantasie leiden sie oftmals unter übertriebenen Ängsten (im Sinne einer nicht spezifischen, sondern eher allgemeinen Ängstlichkeit, die im angelsächsischen Sprachraum auch als „trait-anxiety" bezeichnet wird).

Emotional stabile Menschen (unterer Teil der Skala) sind in der Regel selbstbewußt, ruhig und gelassen. Nichts kann sie so leicht aus der Ruhe bringen, und sie reagieren wenig emotional. Solche Menschen sind dann auch wenig begeisterungsfähig und bleiben am liebsten so, wie sie sind.

Sucht man im Koordinatensystem der Abb. 2 nach dem „typisch depressiven Menschen", so ist dieser ohne Zweifel im oberen linken Teil des Koordinatensystems zu finden, während sich um den Mittelpunkt eher die „Normalbevölkerung" gruppiert.

Zur quantitativen Feststellung kann man sich in der klinischen Psychologie verschiedener Persönlichkeitstests, z. B. dem in Deutschland häufig verwendeten „Freiburger Persönlichkeitsinventar" bedienen und damit sowohl Seelsorger als auch Ratsuchende relativ genau zuordnen.

Wichtig wäre es nun, um auf die weiter oben ausgesprochene Forderung zurückzukommen, daß der Seelsorger den depressiven Menschen verstehen müsse, daß beide zumindest ähnliche Persönlichkeitsstrukturen aufweisen – dies ist aber nur dann möglich, wenn sich – wie durch die Kreise in Abbildung 2 angedeutet – „Schnittmengen" ergeben.

Es kann davon ausgegangen werden, daß jeder Mensch seinen Standort als den Ausgangspunkt des für ihn „Normalen" sieht, und so ist leicht verständlich, daß ein Seelsorger, dessen Persönlichkeitsstruktur eher diametral entgegengesetzt (also in der Abbildung links unten) zu der des depressiven Menschen ist, viel mehr Mühe hat und deshalb große Sensibilität braucht, um diesen einfühlsam zu verstehen.

Zwei Dinge dürfen bei einer solch graphischen Darstellung jedoch nicht übersehen werden:

1. Das Schema zur Auffindung der Persönlichkeit geht von einem statischen Menschenbild aus – dem ist aber nicht so. *Man kann sich ändern* und letztlich auch ein höheres Maß an Einfühlsamkeit *erlernen*.

Diese Veränderung muß aber nicht zwingend der Fall sein, denn es kann in einer Gemeinde nicht nur Seelsorger geben. Zu fragen ist, ob hier nicht die „verschiedenen Gaben", von denen die Bibel immer wieder spricht, ihren möglichen Hintergrund haben:

> „Und Gott hat gesetzt in der Gemeinde aufs erste Apostel, aufs andere Propheten, aufs dritte Lehrer, danach Wundertäter, danach Gaben gesund zu machen, Helfer, Regierer, mancherlei Zungen. Sind sie alle Apostel? Sind sie alle Propheten? Sind sie alle Lehrer? Sind sie alle Wundertäter? Haben sie alle die Gabe gesund zu machen? Reden sie alle in Zungen? Können sie alle auslegen?" (1. Kor. 12,28–30.)

Man braucht in den Gemeinden neben Seelsorgern auch Mitarbeiter, die lehren, organisieren, die Gabe des prophetischen Wortes haben usw. „Der richtige Mann (bzw. die richtige Frau) am richtigen Ort" ist hier die angemessene Lösung.

2. Auch der sich im linken oberen Teil des Koordinatensystems befindliche „optimale" Seelsorger ist mit dieser Persönlichkeitseigenschaft alleine noch nicht genügend ausgerüstet. Sie ist notwendig – aber nicht hinreichend, denn ohne die „Begeisterung durch den Geist Gottes" bleiben nur die Methoden der Psychotherapie, und das ist zu wenig für eine „biblisch-therapeutische Seelsorge".

6. Praxis der biblisch-therapeutischen Seelsorge

Ihr wichtigstes Anwendungsfeld findet die biblisch-therapeutische Seelsorge bei Christen mit psychogenen Depressionen (und diese sind ja, wie schon weiter oben bemerkt, wesentlich häufiger als somatogene und endogene Depressionen).

Wichtig ist, daß hier von einer „Krankheit" und nicht von einer „Belastung" ausgegangen wird. Daß die Betroffenen zu begreifen beginnen, daß sie depressiv sein dürfen, sich nicht zu schämen brauchen, wenn sie weinen, daß sie sich zu allem Leid hinzu nicht auch noch verstellen müssen.

In der Bibel gibt es viele Lebensbilder von depressiven Menschen, und besonders David bezeugt uns in den Psalmen immer wieder seinen zeitweise schwermütigen Zustand. Von ihm lernen wir aber auch, daß eine Depression nicht so bleiben muß, wie sie sich im Augenblick zeigt, daß positive Veränderungen möglich sind.

Zu Beginn oder am Ende einer Depressionsphase ist der eigentliche Zeitpunkt für eine nichtärztliche Behandlung gekommen.

Wenn sich ein depressiver Mensch im „Loch" der Depression befindet, so hatten wir weiter oben gesagt, sind nur wenige Hilfen möglich. Dennoch, so haben uns Christen berichtet, die diesen Zustand erlebt haben, fanden sie es hilfreich, wenn man neben ihnen sitzend einen Psalm betete. Man sollte als Seelsorger dann aber nicht eine Erwiderung, ja nicht einmal eine Veränderung der depressiven Körperhaltung erwarten. Es kann im „Loch" der Depression zumeist vom Patienten auch nichts verlangt werden, weder die Bibel zu lesen noch zu beten. Ermahnungen sind in diesem Zustand wirkungslos – sie bewirken u. U. sogar das Gegenteil.

In diesen schweren Situationen kann es jedoch hilfreich sein, ein schlichtes Abendmahl zu feiern oder dem Betroffenen die Hände aufzulegen, um ihm durch die Berührung die Nähe zu zeigen, und den so tief depressiven Menschen zu segnen – so wie man dies auch in der Bibel immer wieder findet. Aber auch hier gilt es nochmals zu wiederholen: Der depressive Mensch muß danach nicht aufspringen und Gott preisen – Geduld ist eine der wichtigen Eigenschaften, die der biblisch-therapeutische Seelsorger benötigt. Die meisten psychogenen Depressionen sind nicht an einem Tag entstanden und werden auch nicht innerhalb eines Tages wieder vorübergehen.

Nachfolgend werden nunmehr verschiedene Maßnahmen einer biblisch-therapeutischen Seelsorge beschrieben. Dabei sollte man davon ausgehen, daß die gewählte Vorgehensweise immer der Lösung einer Gleichung mit mehreren Unbekannten entspricht: Sie ist abhängig von den „Persönlichkeitsprofilen" des Seelsorgers und des Ratsuchenden sowie von Art und Ausmaß der jeweiligen Depression.

Es gibt demnach nicht *die* Seelsorge am depressiven Menschen schlechthin, sondern *sehr verschiedene Strategien,* die – jeweils auf den individuellen depressiven Menschen in seiner jeweiligen Situation abgestimmt – zu dienen und zu helfen suchen.

6.1 Anamnese[39]

Es hat sich bewährt, vor dem eigentlich therapeutischen Vorgehen die Umstände der psychogenen Depression so genau wie möglich zu beschreiben. Viele Betroffene klagen bei einem ersten Gespräch, daß es ihnen *immer* schlecht ginge, daß sie den ganzen Tag weinten und „niemals ein Lichtblick" zu sehen sei. In der Regel ist dies aber nicht so. Es gibt bei genauerer Betrachtung immer Situationen, Menschen oder Zeiten, bei denen das depressive Verhalten mehr oder weniger ausgeprägt ist. Und diese Umstände gilt es genau zu erfassen. Es müssen „Verstärker der Depression", aber auch „Verstärker der Freude" gesucht werden.

Häufig zeigt sich auch, daß depressives Verhalten nur sehr unscharf dargestellt wird: „Mir geht es halt immer so schlecht", hört man häufig. Hilfreich für eine spätere Therapie ist es nun, das „Mir-geht-es-Schlecht“ zu operationalisieren. Das heißt festzumachen, was „schlecht“ bedeutet – und dies so genau wie möglich –, so daß immer wieder erkannt werden kann, ob der jeweilige Zustand „schlecht“, „schlechter“ oder „weniger schlecht“ ist.

Für den praktischen Gebrauch des biblisch-therapeutisch arbeitenden Seelsorgers hat es sich bewährt, hierzu die folgenden Fragen zu stellen:

Was ist für das Verhalten typisch? (Beschreibung der Umstände und des Ausmaßes, wenn möglich sogar meßbar, um Veränderungen nachzuweisen).

Wann, d. h. zu welchem Zeitpunkt (Tageszeit) tritt das depressive Verhalten erstmalig bzw. immer wieder auf?

Wo, d. h. an welchem Ort zeigt sich das depressive Verhalten?

Wer, d. h. welche Personen sind dabei, wenn depressives Verhalten auftritt?

Gleichzeitig zu dieser „Negativbilanz“ sollte man versuchen, dieselben Fragen für Zeiten, Orte, Personen und Umstände zu beschreiben, an denen die Depression geringer bzw. gar nicht vorhanden ist. Manche depressiven Menschen sagen natürlich, daß dies bei ihnen nie der Fall sei – aber bei einem gemeinsamen Gespräch zeigt sich oftmals sehr schnell, daß die depressiven Zustände nicht gleichmäßig, sondern immer schwankend sind, und daß es durchaus auch „hellere“ Zeitabschnitte gibt.

Dem depressiven Patienten sollte angeraten werden, über sein Befinden Buch zu führen. Es genügen kurze Notizen. Häufig ist auch (insbesondere bei jüngeren Menschen) das Ausfüllen von Tabellen und Diagrammen hilfreich. Einige Beispiele hierzu sind in den nachfolgenden Abbildungen dargestellt.

Abb. 3: Bearbeitungsbogen „Meine Gefühle in dieser Woche“

Meine Zufriedenheit in dieser Woche

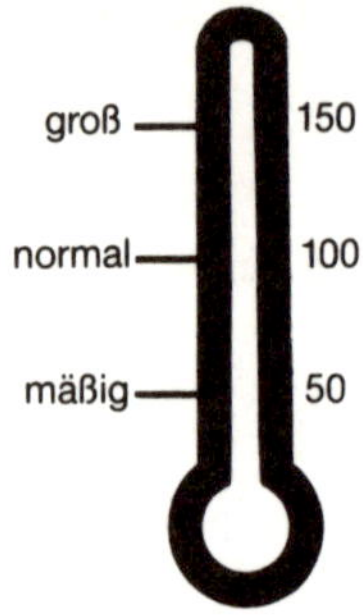

Tragen Sie für jeden Tag Ihre Zufriedenheit ein

Tag (Datum)	Art der Freude	„Temperatur“	Tageszeit	verursacht durch		
				mich	Partner	sonstige
Mo						
Di						
Mi						
Do						
Fr						
Sa						
So						

Mit dem Fragebogen der Abbildung 3 wird die Zufriedenheit und Traurigkeit mit einem „Thermometer“ gemessen, das Markierungen zwischen 50 und 150 Grad hat. Es soll für jeden Tag eingetragen werden, welcher Art und wie hoch die Freude bzw. Traurigkeit ist, zu welcher Tageszeit sie vorherrschte und durch

Meine Traurigkeit in dieser Woche

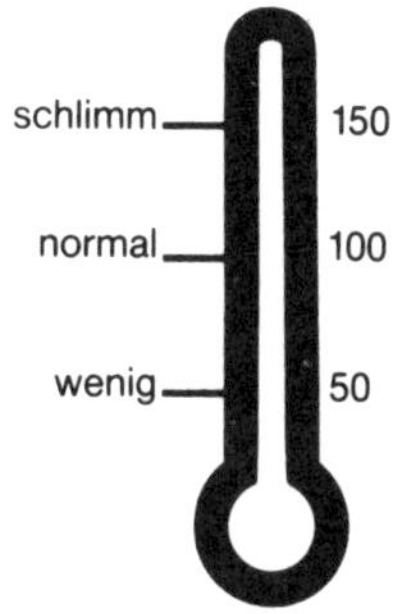

Tragen Sie für jeden Tag Ihre Traurigkeit ein

Tag (Datum)	Art der Traurigkeit	„Temperatur“	Tageszeit	verursacht durch		
				mich	Partner	sonstige
Mo						
Di						
Mi						
Do						
Fr						
Sa						
So						

wen sie verursacht wurde. Das Bearbeitungsblatt wird jede Woche gemeinsam besprochen und neue Strategien aufgestellt.

Ist der in Abbildung 3 gezeigte Fragebogen zu kompliziert, sind auch einfachere Versionen denkbar, z. B. der Bogen in Abbildung 4, in den das Gesamtausmaß an Freude bzw. Traurigkeit in ein Säulendiagramm eingetragen wird.[40]

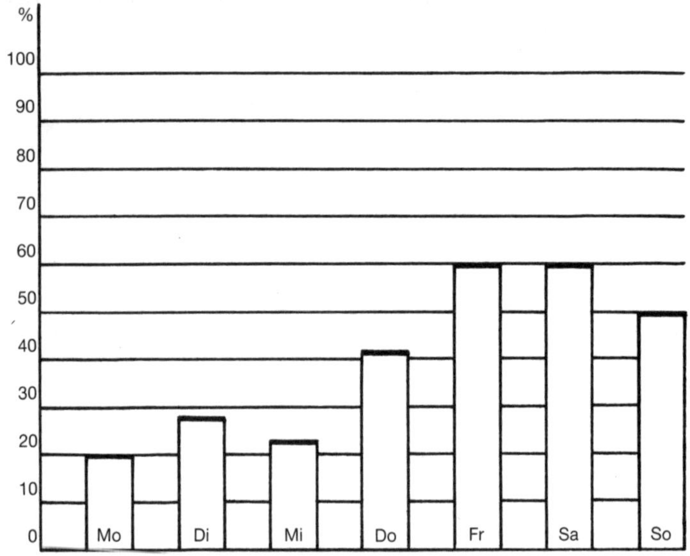

Abb. 4: Freude in dieser Woche

Sind die *„Verstärker der Depression"* erkannt und *„Verstärker zur Freude"* gefunden, kann systematisch damit gearbeitet werden. Das heißt ganz praktisch, daß man jetzt eben bestimmten Situationen, Personen, Umständen aus dem Wege geht, „kritische" Zeiten in entspannter Atmosphäre verbringt, man erkennt, daß eine Erschöpfungsdepression vorliegt, Entspannungsübungen durchführt usw. – Man muß nicht immer kämpfen. David ist vor bestimmten Situationen auch geflohen.

Wichtig ist es immer wieder, die Umgebung des depressiven Menschen aufzuhellen. David zeigt dies besonders im Psalm 23, wenn er sagt:

> „Auch wenn ich wandere im Tal des Todesschattens, fürchte ich kein Unheil, denn du bist bei mir; dein Stecken und dein Stab, sie trösten mich. Du bereitest vor mir einen Tisch im Angesicht meiner Feinde; du hast mein Haupt mit Öl gesalbt, mein Becher fließt über..."

Ein „Tisch" im Angesicht der Depression kann bedeuten, daß man sich Freude gönnen sollte. Vielleicht ganz praktisch mit einem guten Essen „auf dem Tisch", Blumen im Haus, schöner Musik, dem Kauf eines neuen Kleides, Cafébesuch usw. Und das „Salben mit Öl" sollte auch nicht nur theoretisch gesehen werden: Freude kann nicht nur über das Denken erfolgen, sondern muß die Gefühle und den Körper einschließen.

6.2 Korrektur des „verirrten" Denkens

Viele Menschen, darunter auch eine große Zahl von Christen, haben sich in einen wahren Teufelskreis negativen Denkens hineinmanövriert. Man hat z. B. eine, oftmals durch zufällige Bemerkungen anderer aufgeschnappte, Aussage in sein Selbstkonzept übernommen – und jede Lebenssituation wird nun unter diesem Blickwinkel gesehen. Dabei verzerrt sich das Denken zunehmend. (Was man an den Selbstgesprächen ablesen kann: „Ich bin nichts", „ich kann nichts", „ich bin häßlich, zu groß, zu klein, habe eine zu große Nase" oder auch „ich möchte unbedingt heiraten, aber in unseren Kreisen gibt es zu wenige Männer, niemand ist für mich attraktiv".)

Viele Christen meinen auch, sie müßten immer lächeln, dürften „vor der Welt" kaum Gefühlsregungen (und dabei am allerwenigsten Zorn und Ärger) zeigen. Sie irren sich (denn beispielsweise war Jesus auch zornig darüber, daß im Vorhof des Tempels Handel getrieben wurde), und es geht insgesamt gesehen darum, dieses irrige Denken zu korrigieren.

Ein Beispiel, das die Gegenüberstellung von irrigem Denken und Wahrheit zeigt, ist der folgende Bearbeitungsbogen des weiter oben beschriebenen jungen Mannes, der sich eingeredet hatte, daß sein Leben ohne das von ihm auserkorene Mädchen keinen Sinn mehr hätte, der dann aber im Rahmen der biblisch-therapeutischen Seelsorge zunehmend lernte, seine Selbstgespräche neu zu formulieren und dem Irrglauben die Wahrheit entgegenzustellen (die er ja bereits wußte, nur nicht wahrhaben wollte).

Irrige Meinung	Wahrheit
Für mein Leben gibt es keine Zukunft mehr.	*Im Augenblick sieht alles sehr düster aus, ich brauche aber nicht an morgen denken.*
Ich kann den ganzen Tag nur an F. denken.	*Es gab heute schon eine Zeit, wo ich die Vögel pfeifen hörte.*
Ich werde nie mehr mit Menschen Kontakt aufnehmen können.	*Im Jugendkreis hatte ich doch immer gute Freunde, und neulich haben sie mich besucht. Ich habe zwar nicht geredet, aber doch verstanden, was sie wollten.*
Ich bin ein Versager.	*Ich habe eigentlich gar keinen Fehler gemacht. Daß sich F. mit einem anderen Jungen verlobt hat, hat mit meinen Eigenschaften doch gar nichts zu tun.*
Ich habe alles falsch gemacht.	*Ich habe gar keinen Fehler gemacht. Mit Gott einen Vertrag zu schließen, ist nicht unbiblisch . . .*
Gott hat mich verlassen.	*Nein, er hat mir nur eine klare Antwort gegeben. Er wollte mich vielleicht vor etwas bewahren. –*
Aber das kann ich gar nicht glauben. Ich habe F. doch so gern.	*Er verläßt seine Kinder doch nie . . . Sollte er da bei mir anfangen?*

Für diese Form der biblisch-therapeutischen Seelsorge gilt das Wort des Paulus aus Röm. 12,2 ganz besonders: „Verändert euch durch die Erneuerung eures Sinnes“, d. h.: „Korrigiert das verirrte Denken!“ Es muß zu einer Neueinschätzung des Lebens unter biblischem Blickwinkel kommen.

Hierzu gehört auch, daß man unter das Wort Gottes kommt und die Prediger dort eine Botschaft weitergeben, die nicht nur für „hier und jetzt“ praktische Lebenshilfen anbietet, sondern auch die großen Perspektiven Gottes aufzeigt, sowohl in seinem Heilsplan für die ganze Welt als auch beim Eingreifen in das persönliche Leben des betroffenen Menschen.

Die Korrektur des verirrten Denkens bedarf in der Regel eines Seelsorgers, der geduldig mit dem depressiven Patienten zu arbeiten bereit ist, der ihm immer wieder Alternativen anbietet und Möglichkeiten zeigt, seine Situation realistischer einzuschätzen. Hierzu helfen auch vorbereitete Arbeitsblätter, mit denen nach neuen Perspektiven gesucht wird.[41]

Beim Problem der Einsamkeit, das immer wieder als Ursache für psychogene Depressionen gesehen werden muß, könnte ein ausgefülltes Blatt etwa folgendermaßen lauten:

> Ich bin *zwar* allein, *aber* schlimmer wäre es, wenn ich auch noch krank im Bett liegen müßte.
> Ich bin *zwar* allein, *aber* wichtiger ist es für mich, daß ich gut zuhören kann.
> Ich bin *zwar* allein, *aber* ich bin doch durch das Gebet mit Gott immer in Verbindung.
> Im Augenblick bin ich *zwar* allein, *aber* ich werde ja heute abend in eine Veranstaltung unserer Gemeinde gehen ...

Bei depressiven Menschen, die der Meinung sind, sie würden immer nur kritisiert und nie gelobt, hat sich die Bearbeitung des nachfolgenden Aufgabenblattes (Abbildung 5) bewährt.

Arbeitsblatt „An mir wird immer herumkritisiert"

Beantworten Sie die folgenden Fragen und prüfen Sie, wie häufig sie innerhalb einer Woche vorkommen:

- Wofür werde ich kritisiert? ....
- Wie werde ich kritisiert? ....
- Wofür werde ich gelobt? ....
- Wie werde ich gelobt? ....
- Was kritisiere ich an? ....
- Wie kritisiere ich? ....
- Wofür lobe ich? ....
- Wie lobe ich? ....

Vielleicht können Sie sich für die kommende Woche, was Ihr Verhalten anlangt, ein konkretes Ziel vornehmen? Kontrollieren Sie dann genau, ob Sie es einhalten konnten und wo Schwierigkeiten aufgetaucht sind.

Abb. 5: Arbeitsblatt „An mir wird immer herumkritisiert"

6.3 Vergangenheitsbewältigung

Fragen nach Belastungen aus der Vergangenheit nehmen in der Seelsorge mit depressiven Christen einen großen Stellenwert ein. Es ist nicht zu übersehen, daß die auf dem Hintergrund der Psychoanalyse in das Allgemeinwissen eingeflossene Denkweise auch die Seelsorge beeinflußt hat. Mit Sicherheit gibt es Zusammenhänge zwischen frühkindlichen Erlebnissen und Krankheitszuständen im höheren Alter, aber – und das sollte man auch wissen – sie sind keinesfalls so kausal, wie immer wieder angenommen, und in der Regel ist es ein ganzes Ursachenbündel, das zu Depressionen führt. Schon A. Adler hatte, als er sich von S. Freud absetzte, darauf hingewiesen, daß es für den Menschen wichtiger ist zu wissen, wohin er gehen will, als zu wissen, woher er kommt.

Wir dürfen bei dieser Betrachtungsweise jedoch nicht übersehen, daß die Ursache von vielen depressiven Neurosen die unvergebene und teilweise verdrängte Schuld der Vergangenheit ist. David hat in einzigartiger Weise beschrieben, wie das „Verschweigen" zu Krankheitszuständen führen kann:

> „...Denn als ich es wollte verschweigen, verschmachteten meine Gebeine durch mein tägliches Klagen. Denn deine Hand lag Tag und Nacht schwer auf mir, daß mein Saft vertrocknete, wie es im Sommer dürre wird. Darum bekannte ich dir meine Sünde, und meine Schuld verhehlte ich nicht. Ich sprach: Ich will dem Herrn meine Übertretungen bekennen. Da vergabst du mir die Schuld meiner Sünde." (Psalm 32,2–5.)

So gilt es vor allem, die persönliche Schuld des depressiven Menschen unter das Kreuz von Golgatha zu bringen und den Blick dann nach vorn zu richten; das zu tun, was die Bibel so deutlich sagt. „Ich vergesse, was dahinten liegt – und jage nach dem Ziel" (Phil. 3,13).

Vielleicht ist eine der Ursachen für die große Zahl der depressiven Menschen das Fehlen der Beichte als einer Möglichkeit, wo vor Zeugen Schuld abgeladen und bei Jesus Christus abgegeben werden kann und wo der Seelsorger dann auch bereit ist, eine Absolution im Namen Jesu Christi auszusprechen.

Biblische Vergangenheitsbewältigung bedeutet nicht, die Schuld zu verdrängen – dies könnte in der Tat zu einer neurotischen Depression führen –, sondern ein Aufarbeiten mit dem Wissen um den Sieg Jesu Christi. Immer wieder meinen eher zwanghaft denkende Christen, sie müßten mit ihren Problemen selbst fertig werden, ihre unreinen Gedanken zur Sexualität, Neid, Habsucht, Ehrsucht, Haß usw. – die ja getreu dem Motto „daß nicht sein kann, was nicht sein darf" bei ernsthaft Gläubigen nicht oder längst nicht mehr vorkommen dürften – als „nicht vorhanden" wegschieben. Aber solche Gedanken kommen eben immer wieder, denn wir leben inmitten einer Welt des Bösen. Und so braucht man zu dieser unbiblischen Verdrängungsarbeit viel unnötige Kraft. Das Verdrängen aber führt zu Verspannungen, Verkrampfungen und letztendlich zu Depressionen.

Zu fragen wäre, ob nicht hinter einer derartigen Vorgehensweise eine gehörige Portion an Egoismus, Selbstgerechtigkeit und Werkgerechtigkeit steht: „Ich will *selbst* mit diesem Problem fertig werden", könnte eine der versteckten Antworten lauten.

Jedoch, nicht das Aufkommen der argen Gedanken ist das eigentliche Problem, sondern deren unbiblische Verarbeitung. Immer wieder darf der Seelsorger dem depressiven Menschen sagen, daß er vor Gott nicht zu schauspielern braucht und ihm seine geheimsten Gedanken – auch die „unerlaubten" (bzw. gerade diese) – im Gebet mitteilen darf. Dann können sie aber auch abgelegt bzw. abgewälzt werden – dahin, wo Sünde hingehört: unter das Kreuz von Golgatha.

Zusammengefaßt könnte man sagen, es geht um mehr Ehrlichkeit vor Gott. Häufig vermuten depressive Christen, ob vielleicht doch „noch nicht alles weggenommen" sei. „Vielleicht habe ich noch etwas im Unbewußten", hört man oft in der Seelsorge. Hier dürfen wir biblisch antworten, denn wenn David in Psalm 139,23 bittet:

> „Erforsche mich, Gott, und erkenne mein Herz; prüfe mich und erkenne meine Gedanken! Sieh, ob ich auf dem Wege zur Pein bin (wörtlich: der zum Schmerz führt), und leite mich auf ewigem Wege",

verbindet er diese Bitte mit der um die Vergebung auch der *unerkannten Schuld* in Psalm 19,13:

> „Wer kann merken, wie oft er fehle? Sprich mich ledig von meinen verborgenen Fehlern ..."

Der Christ darf in Anspruch nehmen, was in 1. Joh. 1,9 steht:

> „Wenn wir unsere Sünden bekennen, so ist er treu und gerecht, so daß er uns die Sünden vergibt und uns von aller Ungerechtigkeit reinigt."

Ich empfehle solchen von der Vergangenheit her bedrängten Christen immer wieder ein radikales Abschneiden der Vergangenheit, kein kausales, sondern ein finales Denken. Das ist es auch, was Paulus meinte, wenn er von einer neuen Kreatur sprach. Der Glaubende weiß dann, daß Jesus Christus der Anfänger und Vollender seines Glaubens ist – und bleibt.

Es geht demnach bei einer biblisch-therapeutischen Seelsorge darum, den gewichtigen Aspekt der Vergangenheit biblisch zu bedenken und zu bearbeiten, jedoch nicht ausschließlich in die Vergangenheit zu sehen.

Für depressive Menschen ist es immer wieder hilfreich, das „Heute ist der erste Tag meines restlichen Lebens" akzeptieren zu lernen, zu begreifen, daß „jeder Tag seine eigene Sorge" hat und daß die Vergangenheit tatsächlich Geschichte ist. Der mutige Ausblick nach vorn ist einer der ganz positiven biblischen Ansätze, hier kann die Sinnleere, das existentielle Vakuum, aufgefüllt werden.

Besonders deutlich beschreibt O. Chambers in seiner „Initiative gegen die Verzweiflung"[42] den Blick nach vorn:

> „‚Stehet auf, laßt uns gehen!' (Matth. 26,46).
> Die Jünger schliefen ein, als sie wachen sollten; und als sie dann erkannten, was sie getan hatten, waren sie ganz verzweifelt.
> Das Gefühl, daß etwas nicht wieder gutzumachen ist, kann uns zur Verzweiflung bringen, und wir sagen: Nun ist alles aus; es hat keinen Zweck, weiter etwas zu versuchen.
> Wenn wir uns vorstellen, daß diese Art der Verzweiflung eine Ausnahme sei, dann irren wir uns; sie ist eine ganz gewöhnliche menschliche Erfahrung. Jedesmal, wenn es uns zum Bewußtsein kommt, daß wir etwas nicht getan haben, wozu sich uns eine herrliche Gelegenheit geboten hätte, sind wir geneigt, einer lähmenden Verzweiflung anheimzufallen; und dann kommt Jesus Christus und sagt: ‚Wollt ihr nun schlafen oder ruhen?' (Mark. 14,41) – diese Gelegenheit ist für immer verloren, du kannst es nicht ändern; doch nun erhebe dich und tue das Nächstliegende! Laß die Vergangenheit ruhen; doch laß sie an Christi Brust ruhen und gehe mit ihm der unausweichlichen Zukunft entgegen!
> Solche Verzweiflungen kommen in jedem Leben vor. Wir sind in der Verzweiflung, in jener Verzweiflung, die von den Tatsachen herrührt, und können uns nicht darüber hinwegsetzen. Die Jünger hatten in dieser Hinsicht etwas geradezu

Unverzeihliches getan: sie waren eingeschlafen anstatt mit Jesus zu wachen. Aber Er kam mit einer geistlichen Initiative gegen ihre Verzweiflung und sagte: ‚Stehet auf!', und tut das Nächstliegende! Was ist für uns das Nächstliegende, wenn wir von Gott inspiriert sind? Ihm unbedingt zu vertrauen und aufgrund seiner Erlösung zu beten."

Zum positiven Blick nach vorn gehört ganz praktisch, daß man – nachdem man Vergebung erfahren hat – auch selbst vergibt. Vielleicht sogar dann, wenn man „im Recht war" (vgl. Eph. 4,32). So manche Benachteiligung , etwa bei der Verteilung eines Erbes, oder erlittene Ungerechtigkeit, was die mögliche Schul- oder Berufsausbildung anlangt, hat, weil vom Betroffenen nicht vergeben wurde, zu Depressionen geführt. Man konnte über Tage, Monate, ja Jahre hinweg immer nur an das Unrecht denken, das einem widerfahren war. Das ganze Leben hat sich damit verfinstert, Freude ging verloren, und Depressionen sind eingekehrt.

Jetzt geht es darum, dieses negative Denken radikal zu verändern, wissentlich und willentlich eine Kehrtwendung zu vollziehen.

Eine gute Hilfe hierzu kann die von der Verhaltensmodifikation entlehnte Methode des Gedankenstopps sein. Man bittet den depressiven Patienten, der darüber klagt, daß er an gar nichts anderes als an seine Probleme denken kann, sich entspannt in einen Sessel zu setzen, die Augen zu schließen und intensiv an die Benachteiligung zu denken. Sobald er dies ca. eine halbe Minute getan hat, schlägt der Therapeut mit der Hand auf den Tisch oder stampft laut auf den Boden, so daß der Patient überrascht die Augen aufschlägt. Auf die Frage, was dieser Lärm bedeute, wird nicht geantwortet, sondern die Gegenfrage gestellt: „Dachten Sie jetzt gerade an Ihr Problem?" Der Patient wird verneinen, und man kann ihm danach klarmachen, daß es gar nicht so ist, daß er überhaupt nicht abschalten kann: Er hat dies ja eben gezeigt.

Nun wird vereinbart, jedesmal, wenn die negativen Gedanken auftauchen, diese durch Fäuste-Ballen, Auf-den-Fußboden-Stampfen o. ä. sofort zu stoppen. Gleichzeitig ist es hilfreich, sich ein positives Bild aus der Erinnerung vorzustellen.

Diese Maßnahme führt schon nach kurzer Zeit zu einer wesentlichen Veränderung der negativen Denkstruktur, sie sollte allerdings insbesondere zu Beginn sehr konsequent durchgeführt werden.

Ein 33jähriger Facharbeiter hatte, obwohl er mit seinem Seelsorger immer wieder darüber gesprochen und ihm dieser den theologischen Sachverhalt häufig erklärt hatte, die Zwangsvorstellung, die „Sünde wider den Geist" begangen zu haben. Er suchte die verschiedensten „Fachleute" auf und mußte immer wieder von neuem erklärt bekommen, daß ein Mensch, der so fragt, diese Sünde nicht begangen hat. Diese Aussagen reichten aber immer nur aus, um ihn für wenige Minuten zu beruhigen. Sein Zustand wurde so bedenklich, daß er in ein psychiatrisches Landeskrankenhaus eingeliefert werden mußte, und auch von dort rief er immer wieder telefonisch bei verschiedenen Theologen und Laien an, um diese zu seinem Problem zu befragen.

Die medikamentöse Behandlung seiner „ekklesiogenen Neurose" brachte zwar eine gewisse Beruhigung durch die dämpfende Wirkung der Psychopharmaka, konnte aber – wie zu erwarten war – die Krankheit nicht heilen.

Nach seiner Entlassung aus der Klinik wurde auf dem Hintergrund der biblisch-therapeutischen Seelsorge ein verhaltenstherapeutisches Programm aufgebaut, das den „Gedankenstopp" zum Mittelpunkt hatte.

Nachdem die theologischen Hintergründe nochmals klargelegt worden waren, wurde vereinbart, daß ab sofort jeder Gedanke an „die Sünde wider den Geist" durch Ballen der Faust abzustoppen sei. Gleichzeitig sollte der Betroffene den Satz „Jesus ist Sieger" bedenken und sich dabei immer an frohmachende Zeiten in seiner Gemeinde (in die er sehr gerne geht) erinnern bzw. positive Erlebnisse aus seinem Glaubensleben (die genau besprochen wurden) vorstellen.

Die Methode des Gedankenstopps, verbunden mit positiven Vorstellungen, war überaus erfolgreich, lediglich in den ersten Tagen kam hin und wieder der alte Gedanke auf. Weil jedoch alle Verantwortlichen (Eltern, Freunde usw.) und natürlich auch der Pfarrer der Gemeinde instruiert worden waren, konnten auch sie auf die alten Fragen nur mit einem „Stopp" antworten und so den Genesungsprozeß fördern helfen.

6.4 Schlafstörungen

Immer wieder klagen depressive Christen über Schlafstörungen, zumeist meinen sie, viel zu wenig zu schlafen.

Genaue Schlafzeiten gibt es nicht. Grundsätzlich haben gesunde Menschen dann ausgeschlafen, wenn sie sich beim Aufwachen ausgeruht und frisch fühlen und wenn im Laufe des Tages bei normalen Belastungen kein besonderes Schlafbedürfnis auftritt.

Durch vergleichende Untersuchungen konnte man zeigen, daß es (bereits von Geburt an festgelegte) Kurz- oder Langschläfer gibt. In der Praxis treten jedoch zumeist Übergangsformen auf. Daß ausgesprochene Kurzschläfer (mit oftmals nur ca. 2–3 Stunden Schlaf) nur so wenig Schlaf brauchen, ist vor allem darauf zurückzuführen, daß bei ihnen die Phasen des Tiefschlafes (das sind diejenigen mit dem maximalen Erholungseffekt) praktisch genauso lang sind wie beim Langschläfer.

Die Mehrheit der Erwachsenen benötigt ca. sechs bis acht Stunden Schlaf, jedoch – und darüber sollte man mit dem depressiven Menschen reden – kommt es auf die Qualität und nicht auf die Quantität dieses Schlafes an. Schlaf kann man in der Regel nicht erzwingen. Oftmals ist eher die paradoxe Intention hilfreich, die davon ausgeht: „Ich werde und will diese Nacht keine Minute schlafen."

Für depressive Christen, die unter Schlafstörungen leiden, kann dennoch einiges an praktischen Dingen getan werden, und folgende Rezepte haben sich bewährt:

- Geben Sie alle Sorgen und Nöte des Tages ab. In der Bibel steht nicht umsonst: „Alle eure Sorgen werft auf ihn" (1. Petr. 5,7).
- Wenn die „Sorgengeister" immer wieder zurückkommen, sollen sie jedesmal gestoppt werden. Lassen Sie sich nicht ins Grübeln hineinziehen. Stoppen Sie Ihre negativen Gedanken. Jedesmal.
- Versuchen Sie, sich zu entspannen. Beispielsweise durch Atemübungen bzw. durch langsame Barockmusik.[43]
- Vermeiden Sie nach Möglichkeit, spätabends zu essen (zwei bis drei Stunden vor dem Zubettgehen sollte die letzte Mahlzeit sein).
- Lassen Sie den Mittagsschlaf für einige Zeit ausfallen.
- Stehen Sie morgens eine Stunde (oder mehr) früher auf. Je

zerschlagener Sie sich am Morgen fühlen, um so früher sollten Sie aufstehen.

- Ein Fußbad, das für warme Füße sorgt, kann das Einschlafen fördern. Auch Wassertreten vor dem Zubettgehen beruhigt.
- Für die meisten Menschen liegt die günstigste Temperatur im Schlafraum bei 13 Grad.
- Ist Ihre Matratze zu weich, sinkt der Körper zu tief ein und hat dadurch keine ausreichende Stützung. Bei zu harter Matratze hingegen kommt es zu einem Stau in den Kapillargefäßen, und man schläft unruhig, weil man sich häufig umdrehen muß. Eine optimal angepaßte Matratze, womöglich sogar ein Wasserbett, paßt sich Ihrem Körper punktuell an und stützt ihn sanft ab.
- Bemühen Sie sich nicht, mit dem Einsatz Ihres Willens den Schlaf zu erzwingen. Das funktioniert nicht und ist mit dem Beispiel zu vergleichen, bei dem ein Mensch versucht, seinem Schatten nachzulaufen, ihn zu ergreifen: Er greift ins Leere. Immer wieder tauchen zwingende Gedanken auf, etwa in dem Sinne: „Wenn ich jetzt nicht einschlafe, dann bin ich morgen früh nicht ausgeruht und werde dann meine Aufgaben erst recht nicht erfüllen können . . ." Schieben Sie diese Gedanken weg. Es geht nicht um die Quantität, sondern um die Qualität des Schlafes. Immer wieder hilft auch die paradoxe Intention: „Ich muß ja gar nicht schlafen."
- Vermeiden Sie, sofern dies nicht zwingend medizinisch angezeigt ist, den Gebrauch von starken Schlafmitteln, die in der Regel einen Eingriff in den Schlaf-Wach-Rhythmus Ihres Körpers bedeuten. Sie sollten bei Ihrem Arzt ruhig einmal nachfragen, ob das Medikament, das er Ihnen womöglich schon monatelang „zum besseren Einschlafen" verschreibt, nicht langsam abgesetzt bzw. durch andere „Einschlaftechniken" ersetzt werden könnte.
- Es gibt eine Reihe bekannter pflanzlicher Mittel, die sich seit Jahrhunderten bewährt haben und die gegen einen zu „leichten" Schlaf eingesetzt werden können. Man kann sie heute rezeptfrei in Apotheken oder Reformhäusern, oftmals auch in ausgewählten Mischungen, als Fertigpräparate kaufen. Diese Mittel haben praktisch keine Nebenwirkungen. Sie sind auf der Basis von Baldrian, Hopfen, Melisse, Basilikum, der Benediktinen-Distel, Lavendel usw. aufgebaut und zusammengestellt. Wenn Sie gerne die Original-Kräuter verwenden, dann können Sie sich aus

den genannten Pflanzen auch abends vor dem Schlafengehen einen Tee brauen.

● Versuchen Sie durch Selbstbeobachtung die Bedingungen zu ermitteln, die bei *Ihnen* schlaffördernd sind. Das ist bei jedem Menschen durch seine individuelle Lerngeschichte anders. Es kann sehr wohl sein, daß die einen nach einer Tasse Kaffee die ganze Nacht wachbleiben, während andere sofort danach einschlafen können.[44]

● Denken Sie auch daran, daß schlaflose Nächte ein Geschenk Gottes sein können. Jetzt haben Sie sehr viel Zeit zur Fürbitte, können alle Freunde und Bekannte, aber auch die Menschen, die Ihnen Schwierigkeiten machen, vor den Thron Gottes bringen. Man darf sogar über diesem Gebet einschlafen.

6.5 Depressionen und Okkultismus

Immer wieder wird von depressiven Menschen bzw. ihren Angehörigen die Frage gestellt, ob denn nicht dämonische oder okkulte Hintergründe für die Krankheit gegeben seien. Diese Vermutung ist deshalb nicht verwunderlich, weil in manchen Kreisen hier ein direkter Zusammenhang gesehen wird. So gibt z. B. van Dam[45] bei den „psychischen Symptomen" als Merkmale der Besessenheit neben „wütender Erregung", Selbstmordversuchen und verschiedenen Arten der Sucht auch „Depressionen" an.

Bei der Beobachtung der Personen, die solche und ähnliche Aussagen, teilweise vor einem vielhundertköpfigen Publikum machen, konnte ich feststellen, daß entweder Vertreter eines relativ schematischen Schwarzweiß-Denkens oder aber sehr ängstliche Redner in einer solchen Art und Weise verkündigen. Es ist m. E. unverantwortlich, schwache und angefochtene Gemeindemitglieder letztendlich an sich zu binden. Hier schafft man Abhängigkeiten, die unbiblisch sind, vereinfacht das Problem des Okkultismus auf die instrumentelle Verfügbarmachung im Sinne einer Depression – und vor allem werden die Zuhörer nach solchen Vorträgen – oder auch dem Lesen entsprechender

Publikationen – nicht zur Freiheit der Kinder Gottes, sondern in eine hier falsch angebrachte Furcht vor dem Bösen, in Angst und Abhängigkeit geführt.

Man kann und darf Depressionen nicht in eine Kausalkette mit dem Okkultismus bringen. Der einzige „Erfolg", der sich hierbei ergibt, ist in der Regel der, daß der betroffene Mensch noch depressiver wird. Umgekehrt zeigt der Heilerfolg bei Depressionen, daß der kranke Christ wieder fröhlich glauben kann, ohne daß ein Exorzismus vorgenommen wurde.

Damit soll natürlich nicht gesagt werden, daß es keine okkulten Bindungen gibt, aber wichtiger ist im Umgang mit depressiven Menschen das Wort Blumhardts: „Herr Jesu, hilf, wir haben lange genug gesehen, was der Teufel tut, nun wollen wir auch sehen, was der Herr Jesus vermag."

Nach meinen Erfahrungen[46] sollte in der Seelsorge mit depressiven Menschen die Frage nach okkulten Hintergründen erst dann gestellt werden, *wenn alle anderen Erklärungs- und Therapiemöglichkeiten ausgeschieden sind.* Als Kennzeichen einer „okkulten Belastung" bleiben dann (nach eigener Erfahrung und Sichtung der vielen in der Literatur genannten Beschreibungen, die zum größten Teil medizinisch und psychologisch geklärt werden können) nur folgende drei Merkmale:

1. Der „okkult Belastete" hat sich wissentlich und willentlich mit den Mächten der Finsternis eingelassen („aktiver Okkultismus").
2. Er zeigt deshalb außergewöhnliche Widerstände gegen göttliche Einflüsse (vgl. z. B. Mark. 1,24; Matth. 8,29; Luk. 4,34).
3. Es treten übernatürliche Kenntnisse und Wahrsagungen, insbesondere über Gott, Jesus, die Bibel usw. auf (vgl. z. B. Mark. 1,24).

Relativ selten kommen depressive Menschen mit diesen Kennzeichen in die Seelsorge, und es wird viel eher der Fall sein, daß man sie trösten muß, ihnen der Sieg Jesu Christi groß gemacht und auf die bereinigte Vergangenheit hingewiesen wird – damit diese bedrängten Christen begreifen lernen, daß sie *nicht* bzw. *nicht mehr* okkult belastet sind.

6.6 Einsamkeit und Depressionen

Viele psychogene Depressionen sind die Folgen der Einsamkeit. So hat es die weiter oben beschriebene Studie der Weltgesundheitsorganisation ergeben. Hier kann die biblisch-therapeutische Seelsorge in mehrfacher Weise ansetzen.

Es ist eine wichtige Aufgabe, depressive Menschen wenn irgend möglich in die Gemeinschaft zu bringen, sie eine singende und betende Gemeinde erleben zu lassen. Auch wenn der Betroffene im Bett liegen bleiben möchte, sollte man ihn bitten, mitzugehen, auf ihn warten, bis er angezogen ist – und hier darf der Einladende auch „aufdringlich" sein …

Immer wieder wird es auch hilfreich sein, depressive Menschen zu bitten (allerdings ohne Zwang und ohne festen Fahrplan), andere Menschen zu besuchen, um ihnen eine Freude zu machen, vielleicht sogar betroffene Schicksalsgenossen. Man sollte aber vereinbaren, daß bei solchen Treffen (wenn irgend möglich) nur Positives geredet wird, daß Lieder (wenn auch unter Tränen) gesungen, frohmachende Psalmen gelesen werden usw. Mancher depressive „Helfer" ging unter schwersten Anfechtungen zu einem solchen Hilfsdienst – und kam froh und getröstet zurück. Es ist immer hilfreich, wenn es gelingt, von der eigenen Betroffenheit wegzusehen. Dabei lernt man das Aufsehen auf Jesus, den Anfänger und Vollender unseres Glaubens.

Dennoch werden sich auch Christen immer wieder alleingelassen vorkommen, und gerade in Depressionszuständen verdichtet sich dieser Eindruck. Hier kann es hilfreich sein, die Betrachtungen eines englischen Autors zu verinnerlichen:

> Eines Nachts hatte ich diesen Traum:
> Ich ging mit Gott, meinem Herrn, am Strand entlang. Vor meinen Augen zogen Bilder aus meinem Leben vorüber, und auf jedem Bild entdeckte ich Fußspuren im Sand. Manchmal sah ich die Abdrücke von zwei Fußspuren im Sand, dann wieder nur von einem Paar.
> Das verwirrte mich, denn ich stellte fest, daß immer dann, wenn ich unter Angst, Sorge oder dem Gefühl des Versagens litt, nur die Abdrücke von einem Fußpaar zu sehen waren.
> Deshalb wandte ich mich an den Herrn:

„Du hast mir versprochen, Herr, du würdest immer mit mir gehen, wenn ich dir nur folgen würde. Ich habe aber festgestellt, daß gerade in den Zeiten meiner schwierigsten Lebenslagen nur eine Fußspur im Sand zu sehen war. Wenn ich dich am dringendsten brauchte, warum warst du dann nicht für mich da?"
Da antwortete der Herr: „Immer dann, wenn du nur eine Fußspur im Sand gesehen hast, mein Kind, habe ich dich getragen."

6.7 Depression im Alter

Wir werden heute durchschnittlich doppelt so alt wie unsere Vorfahren vor 100 Jahren. Alt werden wollen fast alle Menschen – aber auch alt sein?

Bis in dieses Jahrhundert hinein, als es noch nicht so viele alte Menschen gab wie heute, wurden die Betagten geehrt und geachtet. Ihr Rat war gefragt, „alt" und „weise" wurden fast synonym gesehen. Je mehr die Zahl der Alten in den letzten Jahrzehnten jedoch zugenommen hat, um so mehr brachte man ihnen Gleichgültigkeit entgegen. Die Jugend wird heute idealisiert. So gesehen ist es nicht ganz unverständlich, daß bei vielen älteren Menschen Depressionen zunehmen und heute sogar überdurchschnittlich häufig auftreten.

Eine der häufigsten Ursachen für Depressionen im höheren Alter ist der Tod des Ehepartners oder von guten Freunden. Aber auch die nachlassende Selbständigkeit durch Krankheiten oder Behinderungen und der Verlust an Ansehen und Macht schlagen für eine Altersdepression zu Buche. Fehler in der Lebensplanung, z. B. der Umzug in den sonnigen Süden, wo man sich trotz schönster Umgebung nicht wohlfühlt, weil man niemanden kennt und altersbedingt Schwierigkeiten hat, neue Kontakte aufzunehmen, sind weitere Hintergründe für Depressionen. Oftmals löst auch schon der Umzug in eine kleinere Wohnung oder ins Altersheim eine Depression aus.

Um Altersdepressionen zu vermeiden, so der emeritierte Spezialist Kielholz[47], ist die herkömmliche Meinung, sich zur Vorbereitung auf die Pension dann eben ein Hobby zu suchen, nicht richtig. Man kann im Alter ein Hobby nicht mehr erlernen und schon gar nicht stundenlang betreiben. Körperliches und geistiges Training ist die einzige wissenschaftlich abgesicherte Methode, die Leistungsfähigkeit zu erhalten. Was für die Muskulatur und die Gefäße gilt, gilt auch für das Gehirn.

Die körperliche Aktivität sollte allerdings in Dauerleistungen und nicht in Kraftleistungen bestehen. Empfehlenswert ist es, zu laufen, zu schwimmen, radzufahren – möglichst täglich, zumindest aber zweimal wöchentlich. Zusätzlich läßt sich im Alltag z. B. durch Treppensteigen anstelle Aufzugfahren, durch Fußwege zum Einkaufen usw. ein ständiger Trainingseffekt erzielen.

Das tägliche Studium der Bibel und der rege Gedankenaustausch darüber in Familienkreis und Bibelstunde ist eine wesentliche Komponente für Christen, um auch geistig fit zu bleiben. Vor diesem Hintergrund sollte neben den Predigten und Vorträgen unbedingt die Möglichkeit des Austausches gegeben sein. Viele Menschen hören im Alter nicht mehr sehr gut, das erschwert einen solchen Austausch. Durch rechtzeitig angepaßte, mit Geduld eingestellte Hörhilfen und einem immer wieder aufs neue geübten Einsatz läßt sich jedoch sehr vieles erreichen.

Ältere Menschen wollen ihre Selbständigkeit nicht verlieren, denn dies bedeutet Einengung und Abhängigkeit. Dagegen wehren sie sich und werden dabei nicht selten reizbar und mürrisch. Dadurch sind jedoch die wenigen noch verbliebenen menschlichen Kontakte gefährdet, und eine Depression wird so vorbereitet. Sie ist für die alten Menschen besonders qualvoll. Sie empfinden weder Freude noch Lust und können sich zu nichts entschließen. Jede Hoffnung geht verloren. Häufig kommt ein Verlust der Konzentrationsfähigkeit und des Selbstwertgefühls hinzu, zudem ist der Schlaf gestört.

Oftmals erkennen die Angehörigen eine Altersdepression nicht, weil bei ca. der Hälfte aller Fälle körperliche Symptome die eigentliche Depression überdecken. Dann werden Schlafstörungen, Müdigkeit, Appetitstörungen, Kopf-, Rücken- und Nackenschmerzen diagnostiziert – und dabei nicht gesehen, daß dies nur die Ausdrucksformen sind, hinter denen sich die Basissymptome der Depression verstecken.

Man kann heute durch eine „einschleichende" Medikation mit Antidepressiva eine deutliche Verbesserung erreichen. Die Nebenwirkungen sind jedoch teilweise deutlicher ausgeprägt als bei jüngeren Menschen, so daß hier genau beobachtet werden muß. Stets sollte die medikamentöse Behandlung durch therapeutisch geführte Gespräche ergänzt und auch versucht werden, die Isolation der älteren Menschen zu verhindern oder zu durchbrechen. Falsch wäre es, zum „Sich-Zusammenreißen" aufzufordern. Auch eine Kur oder Ferienzeit ist nicht angebracht. Ebensowenig die Aufforderung, wichtige Entscheidungen zu treffen. Solche Forderungen machen den depressiven alten Menschen noch verzweifelter, weil er spürt, daß er zu all diesen Dingen ja gar nicht fähig ist.

Ein geregelter Tagesablauf mit festen Zeiten der Stille vor Gott, des Bibellesens und der geistlichen Gemeinschaft mit anderen Christen sind äußerst wichtige Hilfen, verbunden mit der ständig neu zuzusprechenden Verheißung aus der Bibel: „Auch bis in euer Alter bin ich derselbe, und ich will euch tragen, bis ihr grau werdet. Ich habe es getan; ich will heben und tragen und erretten" (Jes. 46,4).

Anmerkungen

Bei Buchtiteln vergleiche auch „Literaturverzeichnis“.

1 Hemminger (1985), S. 107.
2 Eysenck (1978), S. 22.
2a Pfeifer (1988), S. 145.
3 Ruch/Zimbardo (1974), S. 438.
3a Green (1986).
4 Eysenck (1978), S. 21.
5 Ruch/Zimbardo (1974), S. 438.
6 Jaspers, K. zit. bei Eysenck (1978), S. 52.
7 ebd.
8 Mit „behavioristisch“ ist eine Vorgehensweise gemeint, die davon ausgeht, daß es bestimmte Ursachen (Reize) gibt, die entsprechende Wirkungen (Reaktionen) beim Menschen hervorrufen. Warum diese Zusammenhänge bestehen, wird bei einer solchen Vorgehensweise nicht untersucht.
8a Ernst (1986), S. 35.
9 Tellenbach (1983), S. 455.
10 Horstmann (1985), S. 48.
11 Burton (1903/1904), 3 vols.
12 Thomas von Aquin (1966), XVII B.
13 Shimoda, M. zit. bei Tellenbach (1983), S. 456.
14 Tellenbach (1983), S. 458f.
15 Kielholz (1974), S. 13.
16 Frankl (1983), S. 204.
17 ebd., S. 11.
18 Meier, H. (1984) S. 135.
19 Beck (1967), S. 119ff.
20 Kielholz (1971), S. 41–55.
21 ebd., S. 22f.
22 Hoffmann (1976), S. 27.
23 Eysenck (1978), S. 44.
24 Der Spiegel (1985), Nr. 48.
25 Stuttgarter Zeitung (1983), Nr. 256.
26 DIE ZEIT(1985), Nr. 49.
27 Saum (1986), S. 12.
27a Finzen (1990), S. N1.
27b Sack (1988), 959f.
28 Die Frage nach der Wirksamkeit psychotherapeutischer Verfahren, Kongreßbericht in der FAZ (1986), Nr. 18, S. 28.
29 Meier, H. (1984), S. 43f.
30 Borkovec (1986), S. 43.

30b Dieterich (1989), S. 313.

31 Neben der „empirisch wissenschaftlichen" Vorgehensweise, die in den modernen Sozialwissenschaften deshalb verwendet wird, weil die überprüften Hypothesen „intersubjektiv" und auf einem berechenbaren Signifikanzniveau verifizierbar sind, ist es auch möglich, auf eher „geisteswissenschaftlich-hermeneutischem" Hintergrund einzelne Fälle zu beschreiben und dabei teilweise sehr einfühlsame – und bezogen auf den Einzelfall durchaus korrekte – Ergebnisse zu erreichen.

32 Eschenröder (1984), S. 91 f.

33 Meier, H. (1984), S. 46.

34 ebd., S. 141.

35 ebd., S. 142.

36 Linder (1985), S. 428.

37 Dieterich (1984 b), S. 69.

38 Eysenck (1978), S. 134.

39 Mit „Anamnese" ist die Fallgeschichte der Krankheit, d. h. alle Tatsachen und Verhaltensweisen, die mit der Krankheit in Verbindung stehen, gemeint. Davon abzugrenzen ist bei dem hier vorgetragenen Therapieansatz die „Ätiologie", d. h. die Herkunftsgeschichte der Krankheit, die erst nach erfolgter Anamnese durchgeführt werden sollte.

39a Rotter (1982).

39b Seligman (1979).

40 Sieland u. a. (1979), S. 179.

41 Dieterich (1984 a), S. 206 f.

42 Chambers (1950), S. 49.

43 Dieterich (1983 a), S. 162.

44 Ceh (1985), S. 82.

45 van Dam (1970).

46 Dieterich (1986).

47 Cyran (1987), S. 10.

Literaturverzeichnis

Beck, A. T., Depression, New York 1967 (Harper & Row).

Borokovec, Th., Wenn Sorgen übermächtig werden, in: Psychologie heute 13 (1986), Heft 3, S. 38–44.

Burton, R., The Anatomy of Melancholy, 3 vols. London 1903–1904.

Ceh, J., Prüfungsangst überwinden, Landsberg 1984.

Chambers, O., Mein Äußerstes für sein Höchstes, Bern 1950.

Cyran, W., Ein Hobby hilft gegen Kummer wenig. In FAZ vom 29. 10. 1987.

Dam, W. C. van, Dämonen und Besessene, Aschaffenburg 1970.

Die besseren Pillen, München 1985.

Dieterich, M., Handbuch Psychologie und Seelsorge, Wuppertal und Zürich 1989.

Dieterich, M., Psychologie contra Seelsorge, Neuhausen 1984 a.

Dieterich, M., Psychologie – Konkurrent, Kontrahent oder Hilfswissenschaft einer biblisch orientierten Seelsorge, in: Theol. Auseinandersetzung mit dem Denken unserer Zeit (Hg. Veeser, W. u. a.), Band 3, Neuhausen 1984 b.

Dieterich, M. u. a., Biblische Grenzfragen im Bereich der ‚Neuen Spiritualität', Neuhausen 1986.

DIE ZEIT, Süchtig nach dem kleinen Freund (1985), Nr. 49.

Die Frage nach der Wirksamkeit psychotherapeutischer Verfahren, in: FAZ (1986), Nr. 18, S. 28.

Ernst, C., Erforschung von Depressionen zwischen Biologie und Psychotherapie. In NZZ vom 2. 7. 1986.

Eschenröder, Ch., Hier irrte Freud, München 1984.

Eysenck, H. J., Neurose ist heilbar, München 1978.

Finzen, A., Depressionen die der Behandlung trotzen. In: FAZ vom 5. 12. 1990.

Frankl, V., Ärztliche Seelsorge, Frankfurt 1975.

Frankl, V., Theorie und Therapie der Neurosen, München/Basel 1983.

Green, H., Ich hab dir nie einen Rosengarten versprochen, Reinbek bei Hamburg 1986.

Hemminger, H. J. u. a., Wenn Therapien schaden, Reinbek bei Hamburg 1985.

Hoffmann, N., Depressives Verhalten, Salzburg 1976.

Horstmann, U., Melancholie. Plädoyer für ein angeschwärztes Gefühl, in: Psychologie heute 12 (1985), Heft 12, S. 46–51.

Horstmann, U., Der lange Schatten der Melancholie, Essen 1985.

Jaspers, K., Allgemeine Psychopathologie, Berlin ^{4}1946.

Kielholz, P., Diagnose und Therapie der Depressionen für den Praktiker, München 1971.

Kielholz, P. (Hg.), Die Depression in der täglichen Praxis, Bern/Stuttgart/Wien 1974.
Linder, I., Rezension zu „Psychologie contra Seelsorge?“ in: Bibel und Gemeinde (1985), Heft 4, S. 428f.
Meier, H. u. a., Wege zum Menschen, München 1984.
Pfeifer, S., Die Schwachen tragen, Basel und Gießen 1988.
Rotter, J. B., Einige Probleme und Mißverständnisse beim Konstrukt der internen versus externen Kontrollüberzeugungen. In: Mielke, R. (Hg.), Interne/externe Kontrollüberzeugung, Bern, Stuttgart, Wien 1982.
Ruch, F. L. u. a., Lehrbuch der Psychologie, Berlin/Heidelberg/New York 1974.
Sack, D.; Wehr, Th., Late sleep deprivation. In: Journal of the American Medical Association 259 (7), 959–60, 1988.
Saum, U., in: Psychologie heute 13 (1986), Heft 1.
Seligman, M., Erlernte Hilflosigkeit, München 1979.
Sieland, B. u. a., Klinische Psychologie für Pädagogen, Braunschweig 1979.
DER SPIEGEL, Spannende Kiste (1985), Nr. 48, S. 275.
STUTTGARTER ZEITUNG (1983), Nr. 256.
Tellenbach, H., Typus Melancholocus, in: Kindlers Psychologie des 20. Jahrhunderts, Psychiatrie Band 1, Weinheim 1983.
Thomas von Aquin, Summa Theologica, Hg. Albertus-Magnus-Akademie, Band XVII B, Heidelberg 1966.

Vom selben Autor

Wir brauchen Entspannung

Streß, Verspannungen, Schlafstörungen
und was man dagegen tun kann.
160 Seiten. ABCteam-Paperback. 4. Auflage

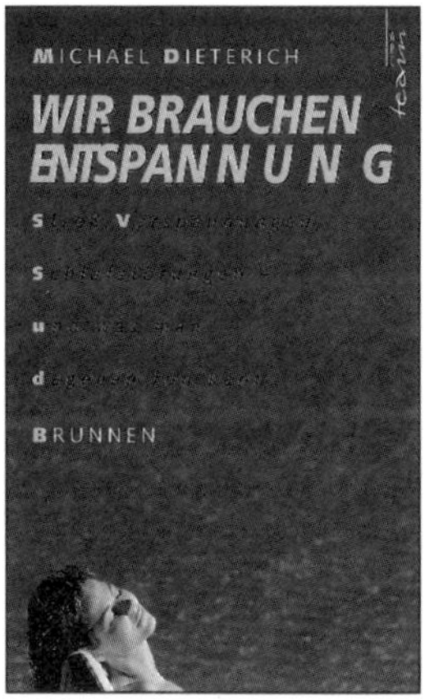

Streß – längst nicht mehr eine Erscheinung einzelner Berufsgruppen. Man findet die Symptome bereits in allen Lebens- und Arbeitsbereichen. Und so kommt es, daß wir aus Streß und Hektik heraus wichtige Gespräche führen, Entscheidungen fällen, unsere Kinder erziehen – und unsere seelische Gesundheit ruinieren. Streß, Verspannungen, Schlafstörungen – und was kann man dagegen tun? Michael Dieterich geht als erfahrener Therapeut diesen Problemen nach und gibt Rat. Dabei beschreibt er auch umstrittene Entspannungstechniken und bewertet sie als Wissenschaftler und christlicher Therapeut.